Ensayo político-gubernamental, incluye inédito programa de
gobierno
"Bolivia Amable y Moderna"

I0424969

ESTRATEGIA PARA DERROTAR A EVO MORALES

Jaime Mendoza Buitrago

ISBN: 9781091599666

Este libro está dedicado a todas las personas y/o familias que han
sido víctimas del gobierno dictatorial y totalitario de Evo Morales.

"Estrategia para derrotar a Evo Morales" es el primero de una serie de seis libros, y tiene los siguientes objetivos: Convertirse en fuente de inspiración ideológica, ética y moral y de acción política para derrotar a Evo Morales y García Linera quienes Fueron habilitados **inconstitucionalmente por** los vocales (sumisos y serviles) del Tribunal Supremo Electoral.

Poner a disposición la tesis de la **Revolución del Comportamiento** a favor tanto de los periodistas que responden a su ética y conciencia, como de todos cuantos aman y defienden los principios de la libertad y de la democracia, en especial de la nueva generación de jóvenes que están hartos de la política tradicional.

Ayudar a la formación de líderes del Tercer Milenio, para que inicien los cambios necesarios que necesita Bolivia y esperan los bolivianos; es decir ayudar a aquellos que estén dispuestos a luchar contra el viejo accionar político de los *dinosaurios* de ayer, como contra el corrupto y podrido accionar político-gubernamental de los *trogloditas* del actual gobierno.

Evitar que el gobierno de corte cubano-estalinista de Evo Morales, convierta a Bolivia en otra Venezuela (un narco-Estado, que podría llevarnos a situaciones peores de las que hasta hace no mucho vivió Colombia con carteles y guerrillas vinculadas al narcotráfico –debemos recordar que en Bolivia existe el triángulo de la cocaína Chapare-Yapacaní-Los Yungas, donde no rige el principio de autoridad, tampoco hay presencia del Estado); o la que vive México debido al poder del narcotráfico (asesinatos masivos y crímenes selectivos de adolescentes y jóvenes, de periodistas, autoridades y candidatos políticos, en Bolivia ya se hizo costumbre en los últimos tiempos los ajustes de cuentas de gente vinculada al narcotráfico); o de la actual Venezuela con cúpulas gubernamentales y militares vinculados al narcotráfico que ordenan para que mercenarios y milicias salgan a las calles y asesinen a su propio pueblo (militares y policías bolivianos de alta graduación han sido denunciados, incluso enviados a la cárcel por sus vínculos con el narcotráfico).

Hasta la fecha, la oposición ha perdido su tiempo político tratando de inhabilitar la candidatura de Evo Morales, pues en un país donde están sometidos servilmente los magistrados, jueces y fiscales, los vocales del Tribunal Supremo Electoral, donde la mayoría de senadores y diputados, son simples levanta-manos, es imposible que se respeten las leyes y la Constitución. Por otro lado, con autoridades de instituciones oficiales internacionales (ONU, OEA, etc.) que se dejan "seducir" (¿con dineros, con amenazas, por simpatía sexual, ideológica? No lo sabemos) para cambiar de discurso de la noche a la mañana (caso Luis Almagro, Secretario General de la OEA) o emitir juicios neutros sobre la violación a la Constitución y a la democracia en Bolivia por parte de Evo Morales (caso miembros de la Corte Interamericana de Derechos Humanos que sesionó en Sucre, Bolivia en febrero 2019), o mandar a las agendas griegas las denuncias y demandas contra la inconstitucional cuarta re-postulación continua de Evo Morales (caso Corte Internacional de Justicia); por lo expuesto, a la oposición le queda solamente la vía de las elecciones para derrotar a Evo Morales.

La oposición en lugar de ir por separado, debe unirse; y no cometer la estupidez de aquel candidato opositor quien obediente al canto de las sirenas (viejos zorros de la política que sólo quieren asegurarse una diputación o un ministerio) pactó con ciertos líderes de las plataformas del 21/F. Resultado final del pacto:
a) las plataformas perdieron su esencia de protesta social,

b) los electores que los estaban apoyando, quedaron desilusionados,

c) el candidato que se "adelantó" en lugar de ganar puntos, los perdió (aquí se aplica ese viejo aforismo político: "hay sumas que restan").

Para ganar tiempo y entrar en inmediata acción, el autor como opositor a la dictadura y totalitarismo de Evo Morales, pone a disposición **121 propuestas programáticas** para la gestión 2020-2025, y una súper agenda con **21 políticas de Estado** (periodo 2020-2050) para convertir a Bolivia en una potencia latinoamericana.

Con el programa de gobierno (**Bolivia Amable y Moderna**) propuesto, por un lado se lo silencia a Evo Morales quien anda repitiendo que la oposición no tiene propuestas electorales, no tiene programa de gobierno, etc., por el otro, se lo derrota en las elecciones de octubre/2019.

Nota.- Le recordamos a Evo Morales que el número "**21/F**", será su pesadilla hasta su muerte, y para la Bolivia honesta será un digno recordatorio en honor de la victoria del 21 de febrero de 2016 cuando lo derrotamos como lo haremos nuevamente en las elecciones presidenciales del 20 de octubre de 2019.

Nota 2.- La lectura de este libro **no es aconsejable** para los seguidores del MAS (Movimiento al Socialismo), en especial para candidatos a la presidencia y vicepresidencia de Bolivia para las elecciones del 20 de octubre de 2019.
¿Por qué? Porque Evo Morales y García Linera, aprovechando el control totalitario que ejercen sobre las máximas autoridades de los cuatro poderes del Estado
• Totalitaria y dictatorialmente, desconocieron los resultados del Referendo del 2016, donde el pueblo de Bolivia, votó mayoritariamente por la opción del **NO**, negándoles la intención de modificar la Carta Magna para postularse para una cuarta relección continua: 1) 2005; 2) 2009; 3) 2014; y 4) 2020.

- Luego ordenaron que los magistrados espurios y serviles del Tribunal Constitucional Plurinacional (máxima instancia que controla el estricto cumplimiento de la Constitución Política del Estado) emitieran un fallo otorgándoles a Evo Morales y García Linera el **derecho humano** de postularse no sólo para una cuarta reelección consecutiva, sino de por vida, desconociendo la vigencia del artículo 168 de la Constitución Política del Estado que señala que el Presidente y Vicepresidente (sólo) pueden ser reelectos **por una sola vez de manera continua.** (Vea el Anexo *"Las falencias y engaños de la Sentencia Constitucional 084/2017"*)

- No conforme con los privilegios usurpados, el gobierno del MAS, de manera dictatorial, esta vez utilizando la sumisión y el servilismo de los vocales del Tribunal Supremo Electoral, hizo habilitar **inconstitucionalmente** al binomio Morales-García Linera para una cuarta reelección continua.

El totalitarismo dictatorial no se detuvo ahí, pasaron a controlar a la prensa, a los sindicatos, incluso a muchos de la oposición, etc.

Tanto la oposición, como Evo Morales Aima deben recordar que la historia tiene puntos coincidentes y repetitivos, donde las fechas y los hechos de la sucesión de eventos similares y de gran trascendencia, se encadenan de tal manera que ningún gobernante aferrado al poder, jamás pudo vencerlos, eludirlos y/o cambiarlos.

Lo que le pasó al *gringo* le pasará al *indio*

La historia del mundo gubernamental está llena de paradigmas que ni la propia ciencia ha podido refutarlos. En el presente caso sólo nos remitiremos al encadenamiento que encontramos en la sucesión de eventos idénticos que se dan en los meses de **febrero** y **octubre**, con el ex presidente Gonzalo Sánchez de Lozada (Goni) y el actual presidente de Bolivia Evo Morales.

Goni desata su tragedia política en el mes de **febrero** del 2003. El impuesto a los salarios que trata de imponer, provoca la reacción del pueblo, que deriva en enfrentamientos, pero tiene una variable, el choque es entre policías y militares, con saldo de una veintena de muertos y decenas de heridos.
Ante estos hechos, el pueblo exige su renuncia.
Goni decide aferrarse a la silla presidencial y declara: "*No voy a renunciar*", luego soberbio como es, burlándose del pueblo, añade: "*Mi esposa quiere seguir siendo primera dama*".
La gente no aguanta más y le exige que renuncie. Goni, creyéndose dueño de Bolivia, envía tanques de guerra y militares para "dispersar" a los manifestantes y a los puntos de bloqueo. La sangrienta represión deja alrededor de 70 muertos y cientos de heridos.
Ante la masacre, reaccionan intelectuales y gente de a pie, además las Fuerzas Armadas dicen que no saldrán más a acribillar al pueblo. Finalmente Goni el 17 de **octubre** de 2003 termina huyendo del país.
Recordemos que Goni empieza a cavar su tumba política en **febrero** del 2003. Evo Morales, **13** años después, drogado por su megalómana obsesión de perpetuarse en el poder, y creyendo que es un derecho humano morir sentado en la silla presidencial, empieza a cavar su tumba al intentar reformar el artículo 168 de la Constitución Política del Estado (que no permite más de una reelección continua a los candidatos que están en el gobierno).

En **Febrero** (2016) el pueblo de Bolivia, cansado del gobierno dictatorial y totalitario de Evo Morales, reacciona y en el Referendo Modificatorio mayoritariamente vota por el NO. Diciéndole no queremos más su candidatura.

Evo Morales, en lugar de respetar la decisión del pueblo boliviano, desconoce los resultados del 21 de **febrero** y en **octubre** de 2017, ordenaría a los magistrados del Tribunal Constitucional Plurinacional (TSP) para que lo habiliten a él y a García Linera para una cuarta reelección continua.

Los seis serviles y sumisos magistrados del TSP, luego de redactar un ampuloso mamotreto (propio de un estudiante mediocre de derecho), emiten la Sentencia Constitucional 84/2017 habilitando a su jefe Evo Morales a candidatear de manera continua hasta su muerte.

Así como el pueblo le reclamaba a Goni que gobernara a favor de Bolivia y no de las transnacionales; pero como Goni no quiso escuchar, el pueblo le obligó a salir, no sólo del gobierno, sino de Bolivia y huyendo.

Así como hoy el pueblo de Bolivia le exige a Evo Morales que gobierne a favor de Bolivia y no de Cuba y Venezuela, así como le pide que deje de gobernar dictatorial y totalitariamente, y que respete el voto del Referendo del 21/F, y que respete el mandato del artículo 168 de la CPE, pero como no se da cuenta que ha llegado su hora de perder, le recordamos que la historia ya ha decidido su futuro.

En **febrero** (igual que Goni) empezó a cavar su tumba (21/F); en **octubre** 2018, su gigantesca fiesta para celebrar un supuesto triunfo marítimo que le podría garantizar eternizarse en el poder, se convirtió en velorio y luto político, pues la Corte Internacional de Justicia de la Haya le propinó su segunda derrota, cuando el relator, le dijo que Bolivia -en este caso Evo Morales- no tenía ningún derecho de exigirle a Piñeira –Chile- a negociar una salida al mar. (Vean la cara de Evo Morales quien de la euforia que manifestaba años antes, meses antes, días antes, minutos antes del fallo, pasó al disgusto y a la frustración, de esta manera la sucesión de hechos similares le demostraba que es un simple y mísero mortal.

A pesar de esta nueva advertencia, Evo Morales persiste en desafiar al futuro e inventa (léase profundiza su tumba política) un nuevo octubre.

Y se acerca vertiginosamente ese **octubre** de las elecciones, donde Bolivia y los bolivianos le propinarán una tremenda paliza al soberbio Evo Morales.

De las decisiones que vienen de más allá de nuestro entendimiento mortal, no podemos jamás escapar.

Es inminente la tercera y definitiva derrota de Evo Morales, lo que aún no sabemos si le va a dar un infarto y busque ayuda médica en Cuba, o va a salir, igual que Goni, huyendo del país.

No obstante, conociendo los compromisos que tiene con sus "asesores" cubanos, lo mismo que con el narco-dictador Maduro, no podemos descartar que Evo Morales, como tiene control del Órgano Electoral, recurra al fraude, o con el apoyo de militares que siguen la línea de los generales venezolanos (tal el caso del *cartel de los soles*, en alusión a las estrellas de los generales) desconozca los resultados electorales.

Personalmente le aconsejaría a Evo Morales que opte por lo más saludable: aceptar los resultados de su derrota el 20 de octubre de 2019; o aún más saludable, para que así la historia no registre su humillante derrota, renuncie a su candidatura y no participe en las elecciones venideras. Está a tiempo Q

Pero sabiendo como es y conociendo que sus "compromisos" le obligan a candidatear, se le exhorta que le pida al nuevo gobierno que, usted en su calidad de ex presidente, sea enviado en misión oficial como agente itinerante por Cuba, China, Rusia, Irán, Guinea Ecuatorial, etc., para así evitar los cientos de juicios que le espera a usted y a su rosca presidencial.

Hasta yo podría aportar, no para sus pasajes, sino para los juicios de responsabilidades.

Es dado en la ciudad de Cochabamba, Bolivia, a los veinticinco días del mes de marzo de 2019, regístrese, archívese y publíquese en el libro *Estrategia para derrotar a Evo Morales.*

ESTRATEGIA PARA DERROTAR A EVO MORALES

Índice del Libro Uno

Prólogo

PROTECCIÓN MÉDICA REAL PARA LOS MÁS POBRES
1.4. Atención médica inmediata en casos de emergencia
1.5. Atención médica global y gratuita a favor de los grupos vulnerables
1.6. Atención gratuita a los accidentados y enfermos graves desamparados

CONTROLES ESPECIALES
1.7. Controles en los centros de salud mediante los Fedatarios de la Salud
1.8. Control de calidad y venta de medicamentos e insumos de la salud
1.9. Creación de las *Colectividades de Voluntarios de la Salud Estatal (CoVoSE)*
1.10. Creación de la *Sociedad Tripartita de Salud Estatal y Privada*
1.11. Becas de especialización médica para los profesionales del Sistema de salud estatal
1.12. Salarios privilegiados para los médicos y técnicos especialistas

2. SEGUNDO PILAR: EDUCACIÓN
NUEVOS PRIVILEGIOS PARA LOS PROFESORES DEL SECTOR ESTATAL
2.1. Cada profesor, aparte de sus bonos por antigüedad y otros, tendrá un salario digno e igual al de los profesionales del sector estatal.
2.2. Bono anual de 15.000, 20.000 y 25.000 bolivianos respectivamente para los profesores del sistema educativo estatal.
2.3. Incremento global y permanente del presupuesto para Educación

SISTEMA EDUCATIVO ESTATAL DE ALTO NIVEL
2.4. Nueva formación, nueva mentalidad y alto nivel pedagógico de los profesionales de la educación.
2.5. Implementación de una nueva Política Estatal del Sistema Educativo acorde a las necesidades y modernidad del Tercer Milenio
2.6. Premios e incentivos a la creación de textos pedagógicos

2.7. Estímulos y premios a las iniciativas científicas y tecnológicas de profesores (y estudiantes).

EDUCACIÓN ESTATAL IGUALITARIA
2.8. Unidades educativas estatales iguales

2.9. Redistribución máxima/ mínima de alumnos por aula, establecimiento y área geográfica (alumnos de preescolar, primaria y secundaria).

2.10. Seguridad física y cuidado de la salud en las unidades educativas estatales

2.11. Implementación de materias transversales para mejorar la calidad intelectual y personal de nuestros alumnos

2.12. Creación de la *Sociedad Tripartita de Educación Estatal y Privada*

2.13. Crearemos el Viceministerio de Ciencia y Tecnología

2.14. Modernos insumos electrónicos en la educación estatal

SISTEMA EDUCATIVO ESTATAL REALMENTE GRATUITO
2.15. Crearemos Imprentas Estatales para entrega gratuita de material educativo (primaria y secundaria)

2.16. Uniformes gratuitos para todos los alumnos estatales de primaria

NIVEL UNIVERSITARIO
2.17. Trabajo directo a los profesionales titulados con mención de honor y con altas calificaciones

2.18. Premios a las iniciativas estatales, científicas y/o tecnológicas de docentes y/o universitarios

2.19. Préstamos para estudios universitarios

2.20. Control estricto en los exámenes de ingreso a la universidad estatal

ELEVANDO EL DEPORTE BOLIVIANO A NIVEL INTERNACIONAL
2.21. Apoyo universal a los mejores deportistas bolivianos

2.22. Estructuras del tercer milenio para el deporte

2.23. Fútbol pasión de multitudes

2.24. Ajedrez, el deporte ciencia y el poder de la mente

3. TERCER PILAR: SOCIAL
PROTEGIENDO A LOS MÁS NECESITADOS

3.1. Capitales de ocho mil dólares para los más pobres para crear fuentes de trabajo grupales

3.2. Movilidad propia para trabajar que se paga con el dinero de la renta diaria

3.3. Agua y luz gratuitos

3.4. Nuevo sistema de distribución de gas en garrafas

SEGURIDAD CIUDADANA PARA TODOS

3.5. Aplicaciones electrónicas e inteligentes para cuidar a nuestros hijos

3.6. Seguridad en los barrios con los ojos electrónicos en constante actividad de vigilancia

3.7. Moderno sistema para reducir los Feminicidios, infanticidios y otros homicidios y/o asesinatos

3.8. Brindando formación en seguridad a los ciudadanos

3.9. Prevención en carreteras y puentes

3.10. Estafas, fraudes y otros en inmuebles

3.11. Extranjeros indeseables

3.12. Cárceles y Centros de detención y *rehabilitación* para menores de edad

CONTROLES ESPECIALES

3.13. Control de productos alimenticios y otros

3.14. Control de publicidad y de propaganda

3.15. Nuevo sistema de control sobre el circuito Coca-Cocaína

POLICÍA BOLIVIANA

3.16. Tendremos una Policía digna, constitucional y soberana

3.17. En primer lugar Seguridad para la Sociedad Civil

3.18. Nuevas y Modernas Unidades Policiales

3.19. Insumos acorde a las necesidades policiales y al crecimiento poblacional

NUEVO COMPORTAMIENTO POLICIAL

3.20. Nuevo y civilizado accionar de la Policía ante los bloqueadores, marchistas y otros. Nunca más heridos ni muertos provocados por la violenta acción policial.

3.21. Capacitación Permanente a los mandos superiores y a sus subordinados

3.22. Policía moderna en lo técnico, científico y cibernético

3.23. Nuevo tratamiento de la Unidad de Seguridad Física

3.24. Bonos económicos especiales para los "*Policías Triple E*"

3.25. Recursos directos en lugar de recaudaciones

3.26. Creación de la Comisión Permanente Estatal de Control Interno de la Policía

3.27. Control estricto en los exámenes de ingreso a la ANAPOL

4. CUARTO PILAR: ECONOMÍA
"SÚPER AGENDA ECONÓMICA 2020-2050"

4.1. Estabilidad Económica

PRIMERO LOS MÁS POBRES Y NECESITADOS

4.2. Generación de empleo. Asegurando 420 mil empleos para los desempleados

4.3. Mejorando la vida de los pobres
   a. Nuevos y excelentes Bonos Sociales y centros de recreación para los adultos que reciben la Renta Dignidad
   b. Incremento del Bono Juancito Pinto con la ayuda a los padres de familia con entrega gratuita de material escolar (secundaria, primaria y pre-básico) y uniformes (primaria)
   c. Capital de arranque para los pobres que quieran emprender su propio negocio o pequeña empresa.

4.4. Creación del Ministerio del Desempleado

PROTEGIENDO LA CANASTA DE NUESTRAS AMAS DE CASA

4.5. Ley del peso exacto y precio justo

4.6. Control de la producción, distribución y venta de alimentos de primera necesidad

4.7. Recursos Alimentarios

4.8. Protección total a los productos bolivianos

PROTEGIENDO LA ECONOMÍA DE BOLIVIA

4.9. Re-direccionamiento del presupuesto General de la Nación

4.10. Creación del Viceministerio de la deuda Estatal externa e interna

4.11. Soberanía del dinero de Bolivia (banca nacional e internacional)

4.12. Acciones económicas inmediatas

4.13. Impuestos Nacionales

RIQUEZAS DE BOLIVIA

4.14. Inventario de las riquezas tangibles e intangibles

4.15. Distribución equitativa de la riqueza de Bolivia

4.16. Recursos Naturales

PRODUCCIÓN CIENTÍFICA Y TECNOLÓGICA

4.17. Producción Científica

4.18. Producción de nanotecnología, inteligencia artificial, robótica, electrónica, etc.

5. QUINTO PILAR: BOLIVIA ESTATAL
CONTROLES INSTITUCIONALES

5.1. Defensa Permanente del Estado boliviano

5.2. Obediencia y respeto a la Constitución Política del Estado y a las leyes bolivianas

5.3. Cargos Públicos Constitucionales (postulantes a altos cargos públicos por mandato Constitucional)

5.4. Creación de la *Unidad de Control Judicial*

NUNCA MÁS EL SOMETIMIENTO DE LOS PODERES ESTATALES

5.5. Protección y defensa de la independencia de poderes

5.6. Ley Dura contra la corrupción (Vea el Anexo "Erradicación de la corrupción estatal")

5.7. "Fedatarios Estatales Incognitos"

DEVOLVIENDO LOS DERECHOS SINDICALES A LOS TRABAJADORES

5.8. Protección absoluta de los trabajadores

5.9. Nunca más la existencia de sindicatos paralelos

CONSTITUCIONALIDAD Y POTENCIAMIENTO DE LAS FF.AA.

5.10. Fuerzas Armadas de élite

5.11. Nombramientos de comandantes

5.12. *Comisión Permanente Estatal para Control interno de las FF.AA.*

5.13. Control estricto en los exámenes de ingreso al Colegio Militar

COMPORTAMIENTO INTERNACIONAL
5.14. Política Marítima
5.15. Nueva filosofía y política diplomática
5.16. Alianzas internacionales con países desarrollados en lo científico y tecnológico

6. SEXTO PILAR: LA NUEVA BOLIVIA GUBERNAMENTAL
BOLIVIA MODERNA Y AMABLE

6.1. Política gubernamental de brazos abiertos (Gobernando Juntos)
6.2. Bolivia Tierra de Paz y Armonía
USUARIOS ESTATALES
6.3. Defensa del usuario de los servicios estatales
6.4. Facilitadores Estatales
6.5. Academia de la conciliación entre Estado y Pueblo

EMPLEADOS PÚBLICOS
6.6. Empleados y autoridades estatales del Tercer Milenio
6.7. Cambio de conducta estatal y gubernamental
6.8. Profesionalización estatal (capacitación para un nuevo comportamiento de los funcionarios públicos)
6.9. Evaluaciones de rendimiento de las instituciones estatales
6.10. Control directo e inmediato de fortunas de empleados estatales
6.11. Control y lucha contra el abuso de autoridad
6.12. Prohibiciones de concentraciones, marchas de apoyo y otros de empleados estatales

ESTÍMULOS LABORALES (una nueva y moderna conquista social)
6.13. Trabajadores estatales con nuevos privilegios:
6.14. Ascenso de cargo (selección y elección)
6.15. Iniciativas e innovaciones propuestas por los empleados estatales
6.16. Premios especiales a los mejores empleados estatales
6.17. Premio a la excelencia gubernamental de autoridades y empleados

DESARROLLO ESTATAL FOMENTADO POR EL GOBIERNO

6.18. Creación de Academias y Centros de Investigaciones Estatales

6.19. Apoyo a los artistas, músicos, pintores, escritores, poetas, ensayistas, etc.

6.20. Ministerios Departamentales

6.21. Innovación en la elección interna del partido de senadores y diputados

LA PRENSA Y NUESTRO GOBIERNO

6.22. Medios de comunicación con absoluta libertad de expresión

6.23. Devolviendo a los periodistas los privilegios del cuarto poder

Índice del:

Libro 2.

Los siete anexos que desnudan al gobierno del MAS:

Mayor información escritorboliviano@gmail.com o WhatsApp 65313761 (Bolivia)

CÓMO DERROTAR A EVO MORALES

Prólogo

En la actualidad Bolivia, en lo material y en lo abstracto, en lo político y en lo social, en lo económico y estatal, sigue estancado en el pasado.

Hoy, en pleno tercer milenio (marzo 2019), los políticos (oficialistas y opositores), siguen actuando con los viejos y viciados comportamientos no sólo de las corrompidas conductas de los anteriores gobiernos, sino que han retrocedido hasta el siglo pasado y de aquí hasta el siglo XV, ya que a los principios del cubano-estalinismo aplicado por el gobierno de Evo Morales, le agregaron los paradigmas de Maquiavelo (*"divide y reinarás eternamente"* o *"el fin justifica los medios"* o *"la razón de Estado"*), para así imponer un totalitarismo dictatorial.

Con estas formas de gobiernos de corte dictatorial, el gobierno del MAS (Movimiento al Socialismo), diariamente asesina tanto a la Constitución Política del Estado, a las leyes, al voto soberano del pueblo, como a la democracia y a las libertades de los bolivianos.

La aplicación del cubano-estalinismo, inducida y controlada por los "asesores" cubanos, en unos casos, ha desarticulado y, en otros, ha dividido a partidos políticos, sectores, sindicatos. Concluida esta fase fueron más lejos, dividieron a la misma sociedad boliviana, que hoy en día se encuentra no sólo polarizada, sino enfrentada.

Durante estos trece años del gobierno de Evo Morales y García Linera, los enfrentamientos, a veces salvajes y trágicos, otras veces, criminalmente fatales, nos dejaron un saldo final de miles de miles de gasificados y apaleados, de cientos de heridos y más de setenta muertos.

Las víctimas casi siempre han sido del sector humilde del pueblo; en cambio los que dieron las órdenes, ni siquiera sufrieron un solo rasguño, excepto algún escupitajo (que lo tienen bien merecido).

Repasemos brevemente la historia de enfrentamientos entre bolivianos. Ayer, en la época de los gobiernos neoliberales, los heridos y muertos, eran víctimas circunstanciales de la represión gubernamental.
Hoy, en la era del gobierno de la falsa "izquierda", planifican, luego ordenan que gasifiquen y apaleen a discapacitados y ancianos, hieran y asesinen a universitarios, campesinos, mineros, incluso a cocaleros (que no son del Chapare), hasta permiten que asesinen a su propia gente (caso Viceministro Illanes).

La diferencia radica en que, los de ayer, lo hacían para poder llegar hasta el final de su mandato gubernamental; los de hoy (Morales y su rosca presidencial), planifican las acciones criminales, no para cumplir su mandato presidencial, sino para perpetuarse en el poder.

Para eternizarse en el poder hacen uso del garrote estatal (violentas represiones policiales contra los contestatarios), de los instrumentos judiciales (terrorismo de Estado, amenazas y persecución judicial) y de enormes recursos económicos (prebendas, compras de conciencia y de silencio periodístico y judicial); de esta manera los periodistas, contestatarios, libre-pensantes, intelectuales, etc., se han "olvidado" de cuestionar al gobierno, de señalar con el dedo acusador a los corruptos, a los violadores de las leyes y de la Patria-Madre (Bolivia) que están al interior de la cúpula masista (alusión al MAS, partido de gobierno).

La rosca gubernamental para tener control totalitario de toda Bolivia, ha extendido sus venenosos y asfixiantes tentáculos cubano-estalinistas, al interior del aparato estatal y de las instituciones, logrando la *desconstitucionalización* de las mismas, de esta manera los máximos responsables de los órganos Legislativo,

Judicial, Electoral, Ministerio Público, Tribunal Supremo Constitucional, Fuerzas Armadas, Contralor de la Nación, etc., dócil y servilmente, se sometieron a la rosca presidencial.

¿Por qué Evo Morales y García Linera insisten en quedarse en el poder?

Evo y Álvaro, es el binomio de la muerte, ya que en lo constitucional, han matado los mandatos de nuestra Norma Suprema; en lo electoral, han asesinado el voto soberano del pueblo del Referendo del 21/F, en lo democrático, han matado las libertades y derechos de los bolivianos; y en lo gubernamental tienen en sus espaldas más de setenta muertos.

Estos dos violadores de la Patria-Madre, quieren salvarse de ser juzgados por una interminable lista de delitos de orden político, gubernamental, incluso civil y penal.

Para entender el contexto en que se encuentran Evo Morales y García Linera (porque la historia en Bolivia *"siempre se repite"*) rápidamente recordemos los últimos momentos de Goni (el ex presidente Gonzalo Sánchez de Lozada) quien en Octubre del 2003, no quería dejar el poder (sus socios le obligaban a "perfeccionar" la capitalización, un mega delito económico contra Bolivia).

En su terquedad de querer quedarse en el poder, Goni cometió muchos errores de cálculo político, en especial el de no renunciar, cuando ya no tenía otra alternativa que abandonar la silla presidencial. Ante la porfiada insistencia de Goni (que tenía setenta muertos en sus espaldas) el pueblo boliviano, que ya estaba sobresaturado de aquél gobierno (como hoy lo está del gobierno del MAS), finalmente le obligó no sólo a renunciar, sino a salir huyendo del país acompañado de su rosca presidencial.

Evo Morales y García Linera, quienes, igual que Goni, quieren quedarse en el gobierno con la intención de "hacer los ajustes necesarios" para:

- Hacer desaparecer las pruebas y evidencias de sus multimillonarios actos de corrupción.
- Transferir (y/o lavar) los millones de dólares que han acumulado durante sus permanencia en el poder.
- Evitar que se descubran las verdaderas razones por las que no exigió a los Estados Unidos la extradición de Goni para ser enjuiciado en Bolivia.
- Anular inevitables juicios de responsabilidades por gigantescos daños económicos a Bolivia.
- Evitar ser juzgado por crímenes de lesa humanidad.
- Evitar ser juzgado por violaciones a la CPE y a las leyes, en especial desconocer el voto del soberano (21/F) y habilitarse inconstitucionalmente para una cuarta reelección.
- Evitar ser extraditados a los Estados Unidos (o ser detenidos en el exterior como lo fuera en su momento el ex dictador Pinochet) sea por denuncias de crímenes de lesa humanidad, sea por su aferrada defensa y/o vínculos con el narco-dictador Nicolás Maduro.

A todo lo mencionado, debemos sumar otros delitos más, entre los que podemos señalar el delito de **traición a la patria** al permitir que los "asesores" cubanos (que le dan línea política al gobierno de Evo), hayan causado infinidad de muertes de bolivianos; de la misma manera, en este ámbito está el delito de apoyar al narco-dictador Maduro y dar protección a cocaleros que producen coca destinada a la producción comercialización, venta interna y exportación de la cocaína.

Si seguimos enumerando los delitos de Evo Morales y García Linera, vamos a comprobar que la lista es interminable. Pero lo que más debe preocuparnos a los bolivianos ya no son los delitos cometidos, sino los delitos a cometer por los cubano-estalinistas.

Las políticas gubernamentales que últimamente, en unos casos, de manera solapada, y en otros, de manera directa, está implementando Evo Morales, nos dan claras señales de que Bolivia está camino al castro-estalinismo y, lo peor, está a punto de convertirse en un narco-Estado, cuyas consecuencias en un futuro cercano podrían llevarnos a situaciones peores de las que vivió:

- Colombia (existencia de carteles de narcotráfico y guerrillas vinculadas al narcotráfico que provocaron miles de muertes)
- o la que vive México (con asesinatos masivos de jóvenes, y crímenes selectivos, atribuidos al narcotráfico, de periodistas, autoridades y candidatos políticos)
- o de la actual Venezuela con cúpulas gubernamentales y militares no sólo vinculadas al narcotráfico, sino que tienen sus propios carteles de delincuentes internacionales, tal es el caso del *cartel de los soles* (conformada por generales de las Fuerzas Armadas de Venezuela) quienes son famosos por su activa decisión de dar órdenes a militares y para militares para que salgan a las calles y asesinen al pueblo, como también a sus rivales (narcos) y enemigos (el pueblo venezolana que no está de acuerdo con el dictador Maduro).

Por lo expuesto, antes de que los cubano-estalinistas del MAS, acaben con la democracia de Bolivia y las libertades de los bolivianos, antes de que siembren el país con más muertos y heridos y provoquen dolor y luto en las familias bolivianas, antes de que terminen de invadirnos los carteles del narcotráfico y las milicias y mercenarios cubanos (camuflados de "asesores", médicos, profesores, etc.), debemos adelantarnos y expulsar del poder a Evo Morales y García Linera.

Los expulsaremos, pero lo haremos, **respetando nuestra Constitución Política del Estado y nuestras leyes**, es decir **mediante el voto democrático** en las elecciones de Octubre de este 2019.

Ante cualquier fraude electoral del MAS, estamos seguros de que el pueblo de Bolivia, nunca más va a permitir un nuevo desconocimiento del voto soberano como ocurrió con el Referendo del 21/F.

Para que en Bolivia no se den los trágicos y fatales hechos que se han dado y se están dando en nuestra hermana república de Venezuela, y también para que nunca más se repitan los métodos aplicados por la dictadura totalitaria del actual gobierno, y para recuperar nuestra costumbre de vivir en permanente paz y cotidiana tranquilidad, he conformado un equipo uniendo a intelectuales, idealistas y profesionales de diferentes áreas con mujeres y hombres obreros, campesinos, indígenas, sin títulos ni pergaminos, pero con experiencia y visión de futuro, y la misión patriótica de defender a Bolivia y a los bolivianos de las amenazas del cubano-estalinismo.

Junto a mi equipo, después de un arduo y prolongado intercambio de ideas, pareceres, saqué conclusiones y desarrollé proyecciones, finalmente elaboré las siguientes propuestas programáticas para:

- Construir una **Bolivia amable con un Estado moderno**, cuya visión y misión es beneficiar a todos los bolivianos en todos los sectores y lugares del país; cuya misión es fortalecer y modernizar a Bolivia.
- Contar con hombres y mujeres de Estado que sean rivales decentes en las luchas y pugnas políticas y gubernamentales, y buenos amigos en la sociedad civil.
- Respetar, por parte de los gobernantes y gobernados, las leyes, la Constitución Política del Estado y la independencia y separación de poderes
- Diseñar una súper estructura política y gubernamental para que las autoridades de gobierno lo mismo que los funcionarios estatales, nunca más actúen basados en conductas de terrorismo estatal, de abuso gubernamental y de corrupción general.
- Administrar a Bolivia, ética, eficiente y honestamente.
- Gobernar en igualdad de condiciones a favor de absolutamente todos los bolivianos, y hacerlo sabia y

amablemente, implementando políticas de Estado respetuosas de la Constitución y de las leyes.

- Generar políticas de Estado para unir definitivamente a todos los bolivianos.
- Construir un país solidario, humanitario e igualitario en todos los ámbitos, tanto civiles y sociales, como políticos y gubernamentales.
- Formar una sociedad donde todos los habitantes y estantes de Bolivia seamos excelentes vecinos y muy buenos amigos y compañeros de trabajo.
- Dar lugar en el gobierno a las nuevas generaciones y a todo aquel político que quiera la unidad y el bienestar de los bolivianos y esté dispuesto a ayudar a construir la Bolivia del Tercer Milenio.

El conjunto de las propuestas programáticas (que conlleva una inédita y moderna concepción filosófica, política y gubernamental), dará lugar al nacimiento, crecimiento y fortalecimiento de la nueva **Bolivia Amable y Moderna**; de esta manera, a partir del 22 de enero del 2020, daremos lugar al surgimiento de la primera generación de políticos y gobernantes del Tercer Milenio.

En el programa de gobierno "**Bolivia Amable y Moderna**", se encuentran las **121 propuestas programáticas** que harán de Bolivia un país amable y moderno.

La "Súper Agenda **2020-2050**" contiene **21 Políticas de Estado** para hacer de Bolivia una potencia agrícola, industrial y económica.

Éstas Políticas de Estado se aplicarán a partir del 2020, y los posteriores gobiernos, deberán concluirlas el 2050 o antes.

Cuando hablamos de la *Bolivia Amable,* nos referimos a que el gobierno va a implementar políticas para revolucionar el comportamiento de autoridades y funcionarios estatales, de tal manera que todos, gobernantes y gobernados (Estado-Pueblo), tengamos una relación de armoniosa amabilidad y mutuo respeto.

Cuando hablamos de la **Bolivia Moderna**, nos referimos a equipamientos de última generación y a la construcción de innovadoras infraestructuras en salud, educación, servicios básicos, transporte, etc. Simultáneamente contaremos con complejos industriales ultra modernos (produciremos industria pesada, industria de montaje, industria electrónica e industria tecno-biológica).

Para terminar de construir la Bolivia Moderna nos damos un plazo de 30 años.

¿Por qué esperar hasta el año 2050 para terminar de modernizar a Bolivia?

Los países que en los últimos cincuenta años han pasado a formar parte del privilegiado grupo de las grandes potencias, han necesitado entre tres a cinco décadas (30 a 50 años) para consolidar su desarrollo sea industrial, sea económico, sea social, etc., y así convertir a sus países en potencias económicas, industriales, etc., además de contar con un gobierno que brinda bienestar y seguridad a todos sus habitantes.

Según las proyecciones que realizamos, necesitamos 30 años para que nuestro país, el año 2050 haya terminado de convertirse en una **Bolivia Amable y Moderna**.

Sin embargo, nuestro ideal, visión y misión, nos obligan a implementar nuestras principales políticas de desarrollo para llevar adelante la modernización de Bolivia a partir del primer año de nuestro gobierno (2020).

Los gobiernos que nos precedan (después del 22 de enero de 2025) terminarán la construcción que hayamos iniciado el 2020, de esta manera, Bolivia habrá alcanzado tal grado de desarrollo humano, social, económico y político que, estamos seguros, a partir del año 2050, o mucho antes, Bolivia formará parte del privilegiado grupo de los países más desarrollados del mundo.

Para que los gobiernos que nos reemplacen, no destruyan, paralicen o anulen, las **21 Políticas de Estado**, mediante Referendo, las insertaremos en la Constitución Política del Estado, de esta manera sepultaremos definitivamente principios del pasado, y doctrinas del presente practicadas por el masismo cubano-estalinista; es decir ni derecha de los *dinosaurios*, ni izquierda de los *trogloditas*, sólo la ideología de la nueva **Bolivia Amable y Moderna,** cuya base ideológica será la implementación de **La Revolución del Comportamiento.**

Cochabamba-Bolivia, marzo 2019

PRIMERA PARTE
El gobierno cubano-estalinista de Evo Morales visto desde dentro
1. Problemas y realidad del gobierno del MAS
1.1. Sometimiento de los cuatro Órganos Estatales y otras instancias institucionales

Comportamiento de los magistrados, jueces y fiscales

La CPE señala que *la potestad de impartir justicia emana del pueblo boliviano y se sustenta en los principios de independencia, imparcialidad, seguridad jurídica, (...) y respeto a los derechos.*

También señala que: *La jurisdicción ordinaria no reconocerá fueros, privilegios ni tribunales de excepción*; del mismo modo da mandatos exclusivos a las autoridades de la Fiscalía (Fiscal General y fiscales en general): "*El Ministerio Público defenderá la legalidad y los intereses generales de la sociedad, ejercerá sus funciones con los principios de legalidad, autonomía, y jerarquía (...)*".

Sin embargo, las decisiones constitucionales de magistrados y las judiciales de jueces y fiscales, **dependen directamente de las instrucciones del poder Ejecutivo** (del presidente y de la rosca presidencial), especialmente cuando se trata de favorecer al Gobierno y a sus autoridades.

La justicia, en todos sus niveles, en el actual gobierno, se aplica para perseguir, amedrentar a políticos y autoridades que se encuentren en la oposición, lo mismo que a periodistas, librepensadores e intelectuales contestatarios y críticos al oficialismo; de este modo, **desaparece** la **independencia**, la **imparcialidad** y la **seguridad** jurídica que deberían practicar magistrados, jueces y fiscales.

¿Por qué magistrados, fiscales y jueces se someten al poder presidencial hasta llegar al extremo del servilismo?

Porque no llegan al cargo por su ética y honestidad profesional, tampoco por sus méritos académicos. Son seleccionados, luego elegidos por su alta capacidad de servilismo a la rosca presidencial.

El comportamiento servil de todas las autoridades señaladas anteriormente, confirman la regla judicial: *si quieres ser seleccionado y luego elegido como autoridad judicial* (juez o fiscal), *primero debes demostrar que eres servil, luego debes someterte y llevar a la práctica tu servilismo a los jefes* (presidente Morales y su entorno).

1.2. La opinión del pueblo sobre la conducta judicial de los jueces y fiscales

En una encuesta que realizamos, se les preguntó de manera aleatoria a un buen número de ex jueces, ex fiscales y también a ciertos abogados seniors y juniors, si podían dar un par de nombres de jueces y fiscales honestos y éticos de la gestión del gobierno de Evo Morales.

La respuesta fue una sonrisa irónica; luego de la misma, señalaron que son pocos, poquísimos, los jueces y fiscales que hayan sido y/o sean éticos; de la honestidad no dijeron nada.

Consultamos a muchos demandantes y demandados que alguna vez recurrieron a la justicia. El resumen de sus declaraciones y respuestas indican: "*Todo proceso judicial contra los pobres* (o contra la gente de a pie), *concluye encarcelando al acusado, sea culpable o inocente; todo proceso contra los poderosos económicos o que disfrutan de privilegios.*"

Para llevar adelante las investigaciones contra un perseguido político, los del Órgano Judicial rápidamente forman abultadas comisiones de fiscales; pero para casos de corrupción, delitos penales, familiares, administrativos, cometidos por los del gobierno, la intencionalidad de proteger a sus amos de parte de fiscales y jueces, hace que los casos a investigar, no prosperen.

Todas las muertes y represiones cometidas por el actual gobierno, como muchas otras, nunca fueron investigadas. Si uno pregunta, les responden: *sigue (o está) en etapa de investigación.*

Conclusión: la conducta de todas estas autoridades funciona de acuerdo a su compromiso con el gobierno, y no de acuerdo a los mandatos constitucionales y legales.

1.3. Selección y elección de senadores y diputados

Los candidatos a diputados y senadores no son seleccionados de acuerdo a sus méritos, profesionalismo, conocimientos legislativos, etc., luego no son elegidos por los militantes del partido.

Son postulados **(impuestos)**, sea por el **aval** del *jefe* del partido (que es, por lo general, el candidato a Presidente), o por los del círculo cerrado del *jefe* (la rosca del partido).

- La **representación política** en la práctica selectiva y eleccionaria interna de los partidos, no existe.
- En su lugar, por un lado se impone, en especial en el caso del MAS, la *selección* de candidatos **obedientes, sumisos y serviles**, y por el otro, candidatos que compran su candidatura para estar dentro la "franja de seguridad" (cálculo que se realiza de acuerdo a la preferencia del electorado respecto al partido en ciudades y departamentos).

Ese es el procedimiento de la *selección* y *elección partidaria* de los candidatos a senadores y diputados. Por consiguiente:
- La democrática **representación política** en la práctica eleccionaria **desaparece**.

- En su lugar, por un lado se impone la *selección* de **obedientes y sumisos** candidatos, y por el otro, candidatos que compran su candidatura.

A dichos candidatos a diputados y senadores ¿Quién los conoce? ¡**Nadie**!

Debido a la forma cómo llegan a ser elegidos, su conducta como diputados o senadores, es de absoluto servilismo y sumisión al *jefe* y/o a la rosca del partido o del entorno del presidente; de esta manera dichos asambleístas se olvidan (o no saben) que deben dictar leyes, interpretarlas, abrogarlas, etc., no saben que deben controlar y fiscalizar los órganos del Estado, en especial al Ejecutivo, y a las instituciones públicas. Tienen miedo (o no saben) fiscalizar y controlar las empresas públicas, en particular, cuando éstas son denunciadas por actos de corrupción, daño económico, etc.

1.4. Asesores extranjeros y otra basura humana protegida por Evo Morales

El gobierno del MAS, en lugar de convertir a Bolivia en un país de oportunidades para que inversionistas extranjeros traigan capitales para el desarrollo de Bolivia; en lugar de convertir a nuestro país en un lugar ideal para generar decenas de miles de empleos para los bolivianos, "importa" extranjeros que le hacen daño a Bolivia como Estado y a los bolivianos como sociedad.

Con el gobierno de Evo Morales, la importación de extranjeros ha ido cada día en aumento; de esta manera Bolivia se ha llenado de "asesores", milicias, hombres de "negocios" (vinculados al narcotráfico) y médicos cubanos (que le quitan el empleo a los médicos bolivianos); también tenemos a empresarios y trabajadores chinos que no respetan las leyes bolivianas y que explotan y abusan a los trabajadores bolivianos; ahí también están los extranjeros relacionados al tráfico y micro tráfico de drogas (cocaína y mariguana), drogadictos, vagos y delincuentes; de igual manera han llegado traficantes de órganos humanos y de personas; asesinos a sueldo y otros mercenarios.

1.5. La conducta de los políticos masistas

La política practica el MAS, se basa en el arte de mentir, haciéndole creer al pueblo que se le dice la verdad.

Los masistas con un increíble cinismo e hipocresía hablan de luchar contra el autoritarismo, contra la exclusión, contra los privilegios, contra la corrupción, contra los imperialistas, contra las transnacionales, etc., pero en la práctica gubernamental, con una sinvergüencería sin límites:

- Dedican sus esfuerzos para realizar los más increíbles y millonarios actos de corrupción.
- Persiguen y castigan a los contestatarios, a los libre-pensantes de su propio partido, demostrando que son alumnos sobresalientes del cubano-estalinismo en cuanto a autoritarismo y totalitarismo se refiere.
- Cuando encuentran a compañeros que actúan con ética y que tienen mayor potencial ideológico, a fin de anularlos y sacarlos de su camino manipulan, unas veces sutilmente, otras descaradamente, imponiendo una cotidiana y abierta *discriminación* en todas las instancias del partido o del gobierno.
- En el discurso de las reuniones del partido, en el discurso público, en la doctrina partidaria, incluso en el programa de gobierno, como, en los foros, en los debates repiten con énfasis, hasta con orgullo que van "A *sancionar a corruptos y estafadores de la patria*". "*A los que se han aprovechado del pueblo.*" "*A los que han monopolizado los poderes del Estado.*" "*A los que están protegidos por el manto ilegal de la impunidad*:", etc., sin embargo, protegen a los corruptos (porque son sus socios, sus allegados, sus familiares); usan y abusan de los privilegios, de los recursos del Estado.
- Monopolizan todo el aparato estatal aglutinando a su alrededor, con el objetivo de someterlos al servilismo, a todos los poderes del Estado, incluyendo a los gobiernos autónomos, a las FF.AA., a la Policía Nacional y a todas las instituciones estatales y, por supuesto, a los medios periodísticos, en especial a la televisión, mediante generosos pagos (dizque por "publicidad").
- Erradican los mandatos constitucionales y las leyes para que la democracia, la libertad y la justicia, sean reemplazadas por el totalitarismo, el autoritarismo, la injusticia.
- Evitan la fiscalización, crítica o denuncia periodística, política o social, logrando que todo probable juicio, se pierda o se empantane en una estructura judicial que no es funcional, ni mucho menos dinámica en el sentido de evolución hacia la práctica de los principios de lucha contra los delitos gubernamentales.

1.6. *Inviolabilidad parlamentaria* sinónimo de impunidad

No permitiremos privilegios de protección y/o encubrimiento sobre autoridades que cometan delitos durante el ejercicio de sus funciones.

Si la CPE permite que los diputados y senadores gocen de *inviolabilidad personal durante el tiempo de su mandato y que no podrán ser procesados penalmente*, este fuero sólo será aplicado sobre la **emisión de opiniones requerimientos, denuncias**, y no así sobre delitos, actos de corrupción, abuso de autoridad, etc.

Nunca más permitiremos que la *inviolabilidad parlamentaria* se lo utilice para encubrir delitos otorgando el privilegio de la **inmunidad** (derecho a no ser detenidos, ni procesados) que lo converten, en complicidad con el gobierno fiscales y jueces, en derecho de **impunidad** (*derecho político boliviano* a no ser enjuiciado por delitos, especialmente de corrupción). Aplicaremos drásticamente el artículo 152 de la CPE que en su parte sobresaliente señala: los asambleístas no gozarán de inmunidad.

2. La oscura economía del gobierno masista
2.1. El falso socialismo económico del MAS

La rosca gubernamental del MAS, para hacer creer al pueblo que Bolivia ya n*o es un país mendigo y que no necesita de los países capitalistas*, lanza discursos agresivos e insultantes contra las transnacionales y contra los gobiernos imperialistas; en especial contra los Estados Unidos, sin embargo, el gobierno, supuestamente *antiimperialista, anticapitalista y anti-neoliberal*:

1. Coloca en el mercado de valores de Wall Street (Bolsa de Valores de los Estados Unidos) los **bonos soberanos** emitidos por el gobierno del MAS, por un total de **2.000 millones de dólares**.
2. Negocia préstamos con el Banco Mundial y el BID (instituciones de corte neoliberal y capitalistas que fomentan la destrucción medioambiental) y también públicamente agradece las declaraciones de ambas instituciones capitalistas que lo apoyan por sus medidas neoliberales.
3. Entra en *sociedad* con las transnacionales (representantes del **imperio estadounidense, británico, francés y español**), para la explotación y comercialización de las riquezas bolivianas (gas, minerales, proyectos que provocan daño masivo al medioambiente, etc.)
4. Realiza negociaciones comerciales con Corea del Sur que es satélite militar y económico de los Estados Unidos;
5. Con China el nuevo gigante imperialista que busca reemplazar a los Estados Unidos para convertirse en el nuevo amo imperialista del mundo, tiene no sólo empréstitos condicionados, sino que realiza grandes negociados para obtener grandes *diezmos.*;

6. Sigue **mendigando** por **ayuda** económica de la Comunidad Europea, incluida la *colonialista* España.

En realidad, el gobierno del MAS, lo único que hace es alienar con mentiras, engaños y falsedades al pueblo con repetitivos spots de propaganda política y gubernamental en casi todos los canales de televisión y, evidentemente en la radio y en la prensa escrita.

La hipocresía política del gobierno *del pueblo*, de los indígenas, *de los pobres, de los oprimidos*, cada día es más evidente, pues, para hacerles creer a los pobres, a los marginados, a los indígenas, a los campesinos, les regala canchitas de futbol y algunas escuelitas, pero a los oligarcas, a los capitalistas (los supuestos **enemigos de la patria**) les regala millones de millones de dólares, al respecto la prensa señala: *"Los banqueros en el gobierno de Evo Morales suben sus ganancias. Las ganancias de los banqueros terminarán esta gestión en más de **300 Millones de dólares**."*

La hipocresía gubernamental va *in crescendo,* el gobierno de Evo Morales, habla de:
1. Expulsar a las transnacionales, a los *explotadores* de las riquezas bolivianas, pero las transnacionales (empresas *imperialistas* y *chupasangre*), siguen explotando las riquezas hidro-carburíferas de Bolivia.
2. El presidente Morales justifica su falsa nacionalización: "*No es conveniente estar aislados de los países potencialmente económicos, ya que Bolivia aún es un país en vías de desarrollo y necesita de la ayuda internacional*".

2.2. El buen vivir, pero sólo para los masistas y sus socios
El eslogan del *buen vivir* sólo lo podemos ver como realidad en los hogares de los nuevos ricos y de ciertos grupos de funcionarios estatales con acceso al salón del rápido enriquecimiento. También lo podemos encontrar en los productores de coca que destinan su coca al narcotráfico, en los vinculados al narcotráfico internacional y nacional; en las Gabriela Zapata, en las Nemesia Achacollo, en los contrabandistas, y, para asombro de los imperialistas y neoliberales, en la economía de los grandes empresarios y banqueros.

Evo Morales y su rosca palaciega, como si los recursos económicos fueran del MAS, los usan a su discreción. Veamos algunos hechos:

2.3. Despilfarro del dinero del Estado
Evo Morales dispuso desde el 2006 hasta el 2018, de más de 200 mil millones de dólares ($us. 200.000.000.000 $.), dinero de Bolivia y de los bolivianos.

De los 200 mil millones actualmente sólo quedan 9 **mil millones de dólares** en las reservas internacionales, lo cual **representan el 4,5%**. Es decir, **el gobierno del MAS HA DESPILFARRADO 191 MIL MILLONES DE DÓLARES**.

Le preguntamos al MAS: ¿en qué ha gastado el 95,5% de los 200 mil millones de dólares?

Es decir, ¿dónde han ido a parar los 191 mil millones de dólares?

Y si a esto le sumamos los 10 mil millones de dólares de la deuda, **el gobierno del MAS ha despilfarrado 201 mil millones de dólares**.

En palabras simples, si un padre de familia que hereda una colosal fortuna, en lugar de invertir en bienes, en producción, en servicios, se gasta la millonaria herencia en viajes de placer, en prostíbulos, en farrearse el dinero con sus amigos y chicas alegres, en drogas y una vida de ampulosa lujuria, evidentemente en un determinado momento la fortuna habrá desaparecido.

El comportamiento económico del gobierno del MAS nos demuestra que debido al despilfarro del megalómano Evo Morales, no hemos logrado ni siquiera producir el total de alimentos primarios que consumimos los bolivianos; no hemos creado nuevas industrias, ni siquiera para industrializar el gas; no hemos logrado que la balanza comercial (importación/exportación) le sea favorable a Bolivia. De seguir la política económica del gobierno del MAS, pronto se importará chuño y yuca.

Si Evo hubiera hecho una correcta distribución de la riqueza entre todos los bolivianos, solamente entregando la mitad de todo ese dinero despilfarrado, a cada boliviano, incluidos, los recién nacidos, deberíamos haber recibido **18.182 dólares, es decir 109.091 bolivianos por persona**. Si en su casa hay seis personas, **usted y su familia deberían haber recibido 760.364 bolivianos**.

Con **760.364 bolivianos**, usted y su familia tendrían su propia empresa, su propio negocio, o quizás su casa, etc. O poniendo su platita al banco, usted mensualmente de intereses al 4 por ciento anual, **recibiría cada mes la suma de 2.535 bolivianos**.

El gobierno para disimular, distribuye la riqueza dándole, si usted es adulto, 43 dólares mensualmente; si tiene un hijo en una escuela, 28 dólares al año, y si también hay una mamá con un menor gestante, unos 220 dólares al año.

De esta manera, los del gobierno del MAS, engañan y mienten al pueblo.

Evo Morales y García Linera, al creer que el pueblo es tonto, es oveja, es estúpido, una y otra vez, en el campo en la ciudad, en sociedades de profesionales, en grupos de estudiantes y escolares, en reuniones con obreros o campesinos, repiten una y otra vez sus embustes. Lo hacen porque les encanta engañar. Mentir, abusar y engañar es su alimento diario, sin ese viciado alimento se sienten huecos, vacíos, impotentes.

2.4. **Presupuesto** General de la Nación despilfarrado por los corruptos del gobierno

El presupuesto General de la Nación se ha convertido en la "caja grande" del MAS, ya que el gobierno ordena y el Tesoro General de la Nación, obedece y entrega millonarias sumas de dinero a los *ministerios improductivos* (Ministerio de la Presidencia, Ministerio de Comunicaciones, etc.), quienes gastan anualmente más de cinco mil millones de dólares para que el presidente Evo Morales esté en permanente campaña electoral.

La propaganda política a favor del gobierno, los viajes gubernamentales que son redundantes e innecesarios para el desarrollo de Bolivia o para favorecer a los bolivianos, los fomentos económicos para las contrataciones de médicos cubanos con salarios por encima de lo que ganan los médicos bolivianos, los regalos de inmuebles, movilidades y entrega de dineros a sindicatos y movimientos sociales vinculados sindical y políticamente al gobierno, son algunos de los gastos inútiles del gobierno masista.

En los anteriores gobiernos existían los "dineros invisibles", los cuales si bien no figuraban oficialmente en el presupuesto de las instituciones estatales, iban directamente a los bolsillos de los corruptos. Nos referimos a los famosos "*diezmos*" que representaba el diez por ciento del total del dinero destinado a la contratación de servicios, logística, construcción, etc.

Durante el periodo del gobierno de Evo Morales, no sólo ha continuado la costumbre del "diezmo", sino que ha sido mejorado e incrementado (los masistas exigen entre un 15 a 25 por ciento de *diezmo*).

Rápidamente hagamos algunos cálculos de unas cuantas obras como ser la Planta de Urea, cuyo costo superó los mil millones de dólares, de aquí el gobierno del MAS recibiría de coima aproximadamente unos 200 millones de dólares; de la construcción de millonarias carreteras, el *diezmo* sería más de cuatro mil millones de dólares; de la compra de logística, tal el caso del satélite Túpac Katari –casi cuatrocientos millones de dólares-, el diezmo representaría unos ochenta millones de dólares, etc.).

Si tomamos en cuenta el total de dinero que ha recibido el gobierno de Evo Morales, que llega a los más de 200 mil millones de dólares y si tomamos como término medio el "*diezmo*" de un 15 por ciento, a los bolsillos de los corruptos han ido a parar 30 mil millones de dólares.

Para hacer una breve comparación, el gobierno del MAS, en sus trece años de gestión gubernamental, ha desembolsado para el sector de Salud, menos de la cuarta parte del dinero que le han robado a Bolivia y a los bolivianos.

Otro ejemplo, el gobierno de Evo Morales, todos los días nos hace escuchar que Bolivia *como nunca antes, tiene más de diez mil millones de dólares en Reservas Internacionales Netas* (RIN), sin embargo la deuda interna y externa están cerca de los 10 mil millones de dólares; y lo que se han embolsado es tres veces más que el total de las reservas internacionales.

2.5. Falsa Nacionalización del gas

¿Cree que hubo nacionalización del gas? Si lo cree debe inscribirse en el club de los santos inocentes. Le explico, no para que se inscriba, sino para que conozca la verdad sobre la falsa y supuesta nacionalización.

Veamos Según el Decreto Supremo de nacionalización, los hidrocarburos, su posesión y control pasan a manos de Yacimientos Petrolíferos Fiscales Bolivianos (YPFB), para que explore, explote, produzca y comercialice. Sin embargo la nacionalización de Evo Morales, fue un simple show.

Nacionalización significa **expropiación** de empresas privadas (nacionales y/o extranjeras) realizadas por el Estado.

El 1 de mayo de 2006, Morales hizo público el Decreto Supremo de nacionalización de los hidrocarburos bolivianos, cuya posesión y control pasaban a Yacimientos Petrolíferos Fiscales Bolivianos (YPFB). Sin embargo la nacionalización *socialista* de Evo Morales, lo mismo que la industrialización de los energéticos, es incompleta e inconclusa:

➢ Las empresas extranjeras, **siguen teniendo** una **fuerte presencia** en la cadena hidrocarburífera boliviana, por consiguiente siguen obteniendo **grandes ganancias.**[1]

---

[1] Esa es una de las grandes razones económicas por la que las transnacionales siguen operando en Bolivia, ya que son socias del MAS.

- ➤ Los energéticos se siguen sacando de Bolivia **como materia prima**, y los **beneficios del valor agregado**, los obtienen las transnacionales.
- ➤ **No hay industrialización** de los energéticos naturales (marzo 2019).

Las petroleras de EE.UU., Gran Bretaña, España, Argentina y Brasil, supuestamente nacionalizadas, **siguen operando** en Bolivia, luego siguen llevándose enormes y millonarias cantidades de dinero de los bolivianos.

Ahí las tenemos a la Panamerican Energy (del grupo Britsh Petroleum), la Andina, filial de Repsol YPF (Argentina) y la Transredes (transportadora de hidrocarburos) y filial de la británica Ahsmore, y la anglo holandesa ShellL la petrolera Chaco, la REPSOL (hispano-argentina), la Ashmore y la British Petroleum y el consorcio peruano-alemán CLBH recuperaron el 100% de la logística de Hidrocarburos en Bolivia.

Como vemos los mayores beneficiados con la explotación, comercialización y exportación del gas boliviano son las transnacionales (todas imperialistas y neoliberales y, a su vez socias del falso socialista MAS).

3. El gobierno visto desde dentro
3.1. Falso proceso de cambio

Las diferencias entre el **revolucionario idealista** (R.I) y el revolucionario circunstancial (r.c), son las siguientes:

El **RI**, jamás se envilece cuando está en el poder, pues debido a sus ideales, la lucha política que lleva a cabo, radica en engrandecer su país, para que sus compatriotas vivan en paz, armonía y relativa felicidad; no le interesa someter al pueblo ni violar las leyes; y su permanencia en el gobierno no lo convierte en adicto ni megalómano por el poder.

Activa todos los mecanismos necesarios, no para controlar al pueblo, ni usurpar los privilegios de los otros poderes estatales, sino para que sus ideales de patria, de humanismo, de solidaridad, se hagan realidad; para ello consagra su tiempo, su intelecto, incluso su libertad y su propia vida.

En cambio los **r.c.** (falsos revolucionarios del *proceso de cambio,* los del actual gobierno) son aquellos que, a fin de encubrir su cada vez más grande y visible placer por los encantos de la burguesía oligarca que les da el poder; para ocultar sus delitos de corrupción, de abuso, de violación a las leyes y a la Constitución; para encubrir bajo el manto de la impunidad su indetenible drogadicción por el poder, con un cinismo propio de los funestos políticos hablan de luchar por los desposeídos, por los más necesitados, hablan del respeto a la democracia, a las libertades, etc., cuando en realidad su pensamiento íntimo y real está centrado en enriquecerse y disfrutar de los privilegios del poder.

Para llegar a su fin (acumular corrupta e ilegalmente grandes fortunas), si tienen que encarcelar a la libertad, la encarcelan; si tienen que desterrar a la democracia, la destierran, si tienen que violar a la Patria-Madre (Bolivia), la violan.

En cambio el **R.I.** busca enriquecer al pueblo, busca que todos los sectores del país gocen del mismo tratamiento y tengan los mismos privilegios que tienen los gobernantes, porque el **R.I.** persigue un fin: la aplicación de su idealismo; en palabras simples el **Revolucionario Idealista** es la imagen y semejanza de la conducta del padre justo que les da el mismo tratamiento y beneficios a todos sus hijos, para él todos sus hijos son iguales, sean estos inteligentes o brutos, hermosos o feos, tristones o festivos.

3.2. Mentalidad agresiva del gobierno del MAS

Terminaremos con la mentalidad de la amenaza de ciertas autoridades jerárquicas y no jerárquicas como de empleados y empleaduchos estatales que siempre están enseñando los dientes: *"No sabes quién soy yo; ahorita mismo voy a ordenar que te saquen a patadas de aquí (...)"*.

Los oficialistas, los opositores, los que defienden al oficialismo, los que defienden a la oposición, debemos saber que el que no está de acuerdo con el que está al frente no es un enemigo político, es un rival político circunstancial.

El que está en la vereda del frente no es un enemigo de Bolivia, tampoco de los bolivianos, por lo tanto, si por perjudicar al gobierno, bloquea, está bloqueando los derechos del pueblo. Los perjudicados no son los del gobierno, los perjudicados son los del pueblo.

Por la seriedad con que manejamos nuestras propuestas programáticas y porque pensamos en todos los bolivianos, les presentamos el índice de nuestra programa de Gobierno **Bolivia Amable y Moderna**.

3.3. Mediocridad Estatal y analfabetos ideológicos

La mayoría de los que están ocupan cargos públicos (jerárquicos o subalternos) del actual gobierno, podrían fácilmente ser clasificados como analfabetos ideológicos

(**AI**), ya que por sus discursos, por lo que dicen y por su accionar en la cosa pública (Asamblea Nacional, ministerios, presidencias de entidades estatales, etc.) demuestran que no sólo son analfabetos ideológicos, sino que son enemigos de la idealización, por eso atacan a los idealistas, a los patriotas, a los que quieren construir una nueva Bolivia con cabida y desarrollo para absolutamente para todos los bolivianos.

Los cargos públicos no son ocupados por personas eficientes, expertas y conocedoras de lo que es el área estatal, pues la conducta partidista del gobierno del MAS, es nombrar ministros y viceministros, presidentes y directores de entes estatales, a gente que no tiene preparación ni conocimientos para desempeñar dichos cargos, pero que son útiles y serviles en la estructura jerárquica gubernamental.

En otros casos son ocupados de acuerdo a las famosas recomendaciones, presiones y la fuerza sindical o política, incluso familiar que muestre el postulante, sin importar el grado de conocimiento que tenga aquél.

También en este cúmulo de gente sin preparación estatal se encuentran los grupos de los tránsfugas y los saltamontes que son una especie de diputados y autoridades que al no saber hacer otra cosa que vivir de la política (léase politiquería), sin importar el color del partido que está gobernando, se acomodan con el nuevo gobierno.

La conducta político-partidista ha convertido en costumbre que dirigentes y allegados cercanos al *jefe* del partido gobernante (o de la rosca presidencial), sean nombrados en cargos decisorios. Los "recomendados", a su vez nombran a sus familiares, amigos, etc., luego de rodea de ineptos y corruptos como él mismo.

Otros, acostumbrados a vivir de la política, (sea con experiencia sindical o con habilidades propias de los *operadores* sindicales), se hacen de ministerios, gerencias o presidencias de instituciones, y de esta manera dan continuidad a su inalterable presencia al interior del Estado.

Esa es la calidad de autoridades que tiene el gobierno del MAS.

3.4. Falsa austeridad del presidente Evo Morales

"*He bajado mi sueldo a la mitad*", declaró pomposamente Evo Morales. Al poco tiempo remató su hipocresía, "*He ordenado eliminar los gastos reservados.*"

Evidentemente rebajó su sueldo y eliminó los *gastos reservados*, pero ha creado los *gastos de representación* que han incrementado en un diez mil por ciento su sueldo de austero; es decir cada mes el presidente de los "pobres" en sus viajes de placer personal, en sus viajes de permanente campaña electoral, mensualmente gasta un millón de bolivianos. Estos son los gastos del "bolsillo chico" (gastos personales), porque los gastos del bolsillo grande y de los maletines rebalsando de dólares, son millones de millones de dólares.

Para complacer los deseos y gustos del "presidente austero", los de su rosca gubernamental, le han permitido despilfarrar 200 mil millones de dólares en estos trece años de gobierno.

¿Cuánto, hasta la fecha, ha despilfarrado en '*gastos de representación*?

¿Cuánto ha despilfarrado en construir un museo inútil (para rendir culto a su megalomanía presidencial), en comprar un avión de lujo imperial (de uso exclusivo y privado para uso exclusivo del presidente Morales), en carísimos autos blindados propios de dictadores temerosos de morir asesinados, en construir un palacio capitalista muy propio de los que tienen los tiranos? (que la historia los tiene registrados como los brutos que nadan en piscinas de paredes de diamantes, pero de aguas turbias)

Evo Morales cada día, incluidos sábados, domingos y feriados, gasta la plata de los bolivianos, no para dar salud a los bolivianos, sino para satisfacer su ego, su vanidad y su obsesión de creerse un emperador en permanente campaña electoral.

El gobierno del MAS debe recordar que la principal causa de la caída del imperio romano se debió sustancialmente a la conducta gubernamental de la clase dominante la cual se olvidó de gobernar y se dejaron llevar por el exceso de la ostentación, el lujo y la corrupción.

Vea el Anexo *"Los gastos extras de Evo Morales"*

3.5. La gran mentira de las 20 horas de trabajo de Evo Morales

Los loros amaestrados del MAS dicen que Evo Morales como nadie antes lo ha hecho, trabaja más de 20 horas al día.

Lo que no dicen (porque no está en el libreto que les dan) es que de las 24 horas que tiene el día, Evo:

- gasta un par de horas escuchando adulaciones (lo que más le gusta) de parte de sus ministros, de dirigentes de movimientos sociales, comandantes de la Policía y del Ejército;
- unas dos horas memorizando el libreto que tiene que repetir ante la prensa y ante los asistentes a las concentraciones (donde asisten de manera obligatoria empleados estatales y bases sociales),
- otras dos horas, despotricando contra el *imperio*, contra la derecha y contra los que no se agachan a amarrarle los zapatos;
- Más o menos tres horas escuchando alabanzas, canciones e himnos de culto a su personalidad (si es que tuviera alguna) y viendo algunos bailecitos de estudiantes quinceañeras (mejor si son "asequibles" a sus deseos);
- una a dos horas jugando al fulbito;

- dos horas comiendo y bebiendo, otras dos horas en el baño y unos 15 minutos en la intimidad con alguna dama o damita (sea o no sea "cara conocida").
- El resto del tiempo viajando en su avión de lujo imperialista, donde duerme come y se droga con sus pensamientos de perpetuarse en el poder para seguir disfrutando de los beneficios del imperialismo capitalista.

¡Eso es, para los masistas, gobernar 20 horas al día!

Por esa forma de gobernar de Evo Morales el país es un Estado donde impera el caos legal (incremento de fiscales y jueces prevaricadores y corruptos); por esas 20 horas de trabajo *evista*, contamos con un estabiliza el fárrago parlamentario (diputados y senadores oficialistas y cierto tránsfugas) que sólo saben levantar las manos; debido al "agotador" trabajo de Evo, se expande la epidemia de alcaldes denunciados por corruptos, violadores, incluso por estar anexados al narcotráfico; y también se agranda el universo de empleados gubernamentales mediocres y con alta tendencia a perfeccionar los sistemas de corrupción menor.

Cuando el presidente Evo Morales el *"llankador"* (supuesto trabajador) no está dentro la rutina de su trabajo de 20 horas al día, quizás enmierdado por la falta de adulones, por la falta de guirnaldas compradas por su equipo de avanzada, por la falta de aplausos forzados de los asistentes, convoca a la prensa no para decir que va a gobernar en serio, no para decir que va a dejar de hacer campaña electoral, sino para vomitar su veneno cancerígeno contra los periodistas que no lo adulan, contra los opositores que lo critican, contra el pueblo que le exige respeto al Referendo del 21 de febrero y a la Constitución Política del Estado (para Evo y su gente, nuestra Norma Suprema tiene menos valor que un rollo de papel higiénico).

Cuando no hace ni lo ni lo otro, está tratando de entender cómo es posible que haya gente que lo trate de ignorante, de dictador, de totalitario, de represor de inválidos, de violador de la Constitución y de las leyes, de tener nexos con el narcotráfico, de apoyar a asesinos como Maduro de Venezuela y Ortega de Nicaragua.

También tiene sus momentos de recreación ilusoria, ya que se ve a sí mismo siendo elogiado por ser un líder mundial (Gandhi, Mandela, etc., son piojos a su lado); incluso cree que en todo el mundo están escribiendo loas por ser un idealista de la izquierda mundial (lástima que Mujica no le dio unas clases de gobernar con un poquitín de ideología socialista). Respecto a la indetenible megalomanía de Evo Morales vea el Anexo literario *"El emperador y su imperio"*:

Para que Evo Morales sepa lo que es el socialismo, le vamos a pagar un viaje que puede empezar el 22 de enero del 2020, para que visite los países donde verdaderamente se practica el socialismo real y verdadero (ojo no estamos hablando de Rusia o Cuba, sino de Dinamarca, Suecia, Finlandia).
¿Dónde se encuentra la gente más feliz del mundo? En estos países socialistas, donde gobernantes y gobernados gozan de los beneficios de un gobierno y una sociedad socialista. No lo decimos nosotros, lo dicen instituciones científicas que hacen mediciones sociológicas alrededor del mundo.

3.6. El MAS, gobierno del Plagio

Los del MAS ha batido el record de plagios de toda la historia de Bolivia.
Se han adueñado del proyecto político de las autonomías que fuera una propuesta política de los departamentos del oriente incluidos Tarija y Cochabamba, pues, el gobierno del MAS de férreo opositor a las autonomías, de la noche a la mañana, no sólo se convirtió en autonomista, sino que presentó las autonomías como si hubiera sido su idea.

La constituyente un proyecto de los indígenas del oriente, que desde los pueblos amazónicos y de tierras bajas marcharon en la década de 1990, en la cual no participó ni un solo cocalero, menos Evo Morales, pidiendo una nueva Constitución, fue plagiado por el gobierno del MAS, y de esta manera aparecieron como si hubieran sido los autores de esta demanda para instalar una Constituyente y redactar la actual Constitución Política del Estado que la violan constantemente.

A los potosinos les ha plagiado su libertad de disentir; marchas, paros, represión policial, de nada sirvieron.

A los bolivianos les ha plagiado (secuestrado) sus derechos constitucionales: ha desconocido los resultados electorales del Referendo del 21 de febrero de 1016.

A los indígenas del TIPNIS, les ha plagiado su territorio para construir una carretera que es una exigencia de los narcotraficantes en fases. Fase 1. Invasión de tierras para sembrar coca ilegal y destinada a la producción de cocaína. Carretera para transitar libremente con la producción de cocaína para comercializarla en todo el mundo a través de Brasil.

A muchos proyectistas que presentaron sus proyectos al gobierno del MAS, les han robado sus proyectos para presentarlos como si fueran de ellos.

A los bolivianos que votamos por NO, en el Referendo del 21 de febrero de 2016, desconociendo la soberanía del voto electoral, nos ha robado nuestro derecho a decidir libremente, aparte de ello al violado la Constitución haciéndose habilitar para una cuarta postulación.

3.7. Loros amaestrados
Cuando se les pregunta a los voceros del MAS (ministros, diputados, dirigentes sindicales, de movimientos sociales,

sobre los actos de corrupción y otros delitos cometidos por el gobierno, por amigos, familiares, militantes, etc. Del MAS, evaden las preguntas apelando al recurrente discurso de fácil descrédito, de rápida difamación, utilizando siempre las mismas palabras o frases: *los que nos atacan son los de la derecha, los lacayos del imperialismo, los vende patria, los que no quieren que los pobres tengan acceso a la salud, educación, etc.* Es decir repiten como loros amaestrados lo que sus "asesores" les enseñan a repetir como obediente y buenos muchachos. Es una forma similar al reflejo condicionado de la práctica que hacía Pavlov con sus perros para ser condicionados a conductas impuestas por sus amaestradores.

3.8. Dirigentes sindicales y su servilismo al gobierno

El sindicalismo es un movimiento de los trabajadores para lograr **mejoras salariales** y **mejores condiciones** de empleo, y defender a los trabajadores y sus fuentes de trabajo.

La **acción sindical** se produce cuando la negociación colectiva no tiene éxito y se rompen las conversaciones entre trabajadores y empresarios y/o Gobierno. Estas acciones son muy variadas, pero el método más común de la acción sindical, es la huelga.

Aquélla implementación laboral se la hace con **fines de práctica de justicia social a favor de los trabajadores**, pero durante el gobierno del MAS su rol real fue deformado completamente.

El gobierno del MAS, dinero y favores mediante, incluso amenazas judiciales (muchos dirigentes tienen temas pendientes con la justicia) cambió el rol sindical de la Central Obrera Boliviana, de sindicatos y federaciones, cuyos miembros se han convertido en instrumentos serviles al gobierno.

De esta manera cuando existe **coerción** y **amenazas sindicales** de parte de los dirigentes sindicales, lanzadas furibundamente contra el gobierno, no es para conseguir **beneficios** y **privilegios** para los trabajadores, sino para conseguir beneficios personales; de esta manera son nombrados candidatos a diputados, a concejales, a consejeros, o a ocupar cargos en los ministerios, viceministerios, etc., o recibir prebendas económicas, favores y recomendaciones para acomodar a su gente en el gobierno, etc.)..

Los dirigentes sindicales aparte de constituirse en una subclase política, una especie de mezcla de politiquero y oportunista, de pancista y falso defensor de sus bases, para mantener sus privilegios, cada vez que entra un nuevo gobierno, al principio, evitan confrontaciones con el gobierno; pero si las nuevas autoridades no les otorgan sus privilegios (cargos públicos, dineros, favores, etc.), generan huelgas, bloqueos, marchas, pero no para defender los intereses de los trabajadores, sino para hacer crecer sus panzas y billeteras; de este modo sus representados (los trabajadores) quedan absolutamente abandonados.

Cuando estalla o está por estallar un conflicto entre los trabajadores (aquellos cuyos dirigentes no se sometieron al gobierno del MAS), los de la rosca presidencial, en lugar de buscar soluciones a las medidas radicales de los trabajadores, busca enfrentamientos, pero no entre el Gobierno y el sindicato que demanda sus derechos, sino entre el sindicato contestatario y el sindicato paralelo, éste creado a imagen y semejanza del MAS.

Los dirigentes sindicales en Bolivia, previo acuerdo con los operadores gubernamentales (acciones de corrupción mediante) reciben instrucciones y cuando su capacidad de discurso ante las cámaras de los periodistas es menor, reciben libretos destinados a demostrar que el gobierno, especialmente el Presidente, haciendo lo mejor que puede para mejorar el bienestar de los trabajadores. Estos discursos fabricados por el gobierno y repetidos por los dirigentes controlados por el oficialismo, tienden a desorientar y dividir a las bases que una vez más son engañados, postergando sus derechos laborales.

Y cuando existen dirigentes leales a sus bases, los dirigentes corruptos y/o el gobierno, se encargan de aislarlos y/o destruirlos. Los casos más evidentes tenemos en el sector del magisterio y de los mineros asalariados, y últimamente en el de los dirigentes de los indígenas amazónicos.

Si realizamos un análisis exhaustivo y profundo, respecto a la necesidad de la existencia de las dirigencias sindicales, tal como existen ahora, las voces del pueblo (desde los periodistas hasta grupos sociales que no están vinculados a los mismos) indican que no deberían existir; y si fuera necesaria su existencia, tendrían que cambiar de conducta; es decir de abusivos y aprovechadores, deberían ser honestos y éticos, lo cual, al estar vinculados al gobierno del MAS, muchos dirían que es misión imposible, pero, como nuestro gobierno es un gobierno de soluciones, sabeos cómo hacer para que eliminar a esa clase de dirigentes sindicales corruptos y que engañan a los trabajadores honestos.

4. ESTADO REAL EN QUE VIVE LA SOCIEDAD BOLIVIANA
4.1. Inseguridad ciudadana
Según los mandatos de nuestra Constitución, *el Estado tiene la obligación de proteger a todos los bolivianos*; pero el gobierno del MAS se encarga de que no sea así, ya que no sólo deja de protegernos, sino que nos expone a toda suerte de peligros: asaltos, robos, violaciones y otras decenas más de delitos diarios, que más de las veces terminan en tragedias: asesinatos, feminicidios, infanticidios, etc., todo esto debido a que el gobierno no

sólo ha permitido, sino que ha alentado a que aumente la delincuencia, tanto nacional, como extranjera.

¿Por qué se ha incrementado la tasa de criminalidad en Bolivia durante el gobierno del MAS (2006-2019)?
Son varios los factores, entre los mismos podemos señalar la relajación de los principios y valores de orden social, moral y religioso, como judicial, político y gubernamental.

En lo que respecta a las autoridades y funcionarios del Ministerio Público y del Órgano Judicial (fiscales y jueces) por el simple hecho de estar "asociados" al gobierno, una gran parte de ellos, sea individualmente o mediante consorcios, se han vinculado a la corrupción, extorsión, prevaricato, chantaje, narcotráfico, etc.

Por su parte, nuestra institución policial ha perdido su misión Constitucional: **defender a la sociedad y conservar el orden público dando cumplimiento a las leyes en todo el territorio boliviano**; es decir, la Policía, en lugar de combatir al crimen en sus diferentes formas y lugares, combate a los que el gobierno le ordena combatir, violando su propia Ley Orgánica.

En el lado oscuro de la tenebrosa sociedad del crimen, especialmente del organizado, tenemos la presencia activa de delincuentes internacionales vinculados al narcotráfico (tragones, mulas y 'lobistas', éstos últimos dedicados a generar contactos para "asociar" por un lado a empresarios y banqueros (lavado de dinero), y por el otro, a policías, militares, fiscales, jueces y abogados, incluso al mismo gobierno. (Vea el Anexo *"Los peligrosos circuitos de la coca-cocaína")*.

La presencia en Bolivia de estos indeseables, particularmente de Venezuela, Cuba, Colombia y México, es ampliamente conocida por la prensa y la sociedad informada de Bolivia y, evidentemente por el mismo gobierno del MAS.

La prensa constantemente informa sobre el accionar de los narcotraficantes (micro y macro). Accionar sumamente peligroso, porque los narcotraficantes, aparte de dedicarse al tráfico de la droga, se vinculan a toda clase de crímenes: asaltos, ajuste de cuentas, asesinatos, secuestros, trata de blancas, tráfico de órganos, etc.

También existe inseguridad ciudadana en las calles, avenidas y carreteras, porque los conductores desconocen lo más elemental de Educación y Seguridad Vial. El principio de autoridad ha desaparecido por completo; además la mentalidad de los conductores se maneja de acuerdo a conductas socio-culturales vinculadas a la corrupción: *"Todo se arregla, sea con la policía, sea con el fiscal o con el juez".*

El gobierno del MAS, porque su capacidad no da para más, cree que al promulgar leyes y al organizar foros para tratar temas de sobre seguridad ciudadana ya ha solucionado la inseguridad que cada día sufren los bolivianos.

Para atacar los diferentes tipos de cáncer con los que el gobierno del MAS ha infectado al Estado y a los bolivianos y que está muy incrustado casi en todo el cuerpo estatal y social, nunca más permitiremos que extorsionen a los que buscan justicia, remitiremos al Ministerio Público a las autoridades que dilaten los procesos judiciales y/o de investigación, los que hagan desaparecer o alteren las pruebas, evidencias, muestras, los cuadernos de investigación, etc., como a los que protejan o dejen en la impunidad a los asesinos, violadores, asaltantes, corruptos, etc., por lo tanto crearemos el *Instituto de Seguimiento Policial y Judicial* para investigar los casos denunciados contra policías, fiscales y jueces.

4.2. El peligroso círculo de coca-cocaína

La política gubernamental del MAS sobre la producción ilegal de la coca y de la cocaína, se destaca a nivel nacional e internacional, porque tanto los cultivos excedentarios de coca, como la producción de cocaína, crecen geométricamente.

De la misma manera como aumenta la producción de cocaína, aumenta el número de adictos a la cocaína y mariguana. El consumo local de droga (cocaína y/o mariguana), en sus diferentes formas, se extiende a bares y escuelas; a oficinas y centros mineros, a calles y carreteras, a kioscos y mercados.

Desde que el presidente Morales está en el poder, las plantaciones ilegales de coca se han multiplicado, subiendo entre el año 2006 a enero 2018 en más del 450%, según informes de las NN.UU.

El gobierno de Evo Morales, para fomentar el tráfico de la cocaína, entre una de sus principales medidas (de supuesta lucha contra este flagelo) expulsa a la DEA (Departamento de Lucha contra la Droga de los EE.UU.). Hace exactamente lo que hace Hugo Chávez en Venezuela el 2006 para que nadie controle la ruta de la droga de ese entonces (Perú-Colombia-Venezuela-Cuba).

Evo Morales, mediante Ley, ha legalizado la producción de coca excedentaria e ilegal con el pretexto de las supuestas necesidades de consumo tradicional de coca que en la práctica no llega al 20 por ciento del total de coca que se produce en Bolivia.

El gobierno de Evo Morales se opone a realizar un censo sobre el consumo de la hoja de coca como producto tradicional; además está hartamente demostrado que la coca que se produce en el Chapare (más de diez mil hectáreas) no sirve para el consumo tradicional (acullico, mates y como medicina). **Los mismos productores de coca del Chapare para su consumo personal compran coca de los Yungas.**

Evo Morales, oficialmente admite (lo mismo que los informes de las Naciones Unidas) que entre el 35% a 40% de la coca que se produce en Bolivia, se destina al narcotráfico. De este porcentaje, el 90 por ciento corresponde al Chapare.

Generales de la policía, militares, alcaldes y concejales del MAS, dirigentes sindicales afines al MAS, parientes de autoridades del MAS, son detenidos por narcotráfico y, con pruebas, son remitidos a la justicia ordinaria; pero casi nunca son sancionados.

El crecimiento de la economía de Bolivia está relacionado con la producción, comercialización y exportación de la cocaína y con el aumento de *lavado de dinero* (legitimación de ganancias ilícitas), cuyo origen está vinculado al narcotráfico y a la corrupción.
El vicepresidente García Linera *reconoció que el narcotráfico mueve entre 500 y 900 millones de dólares en Bolivia.*
El lavado de dinero tiene preferencia en movimientos inmobiliarios e iniciativas bancarias y empresariales, pero también se usa para comprar poder político, pero sobretodo gubernamental.

¿La estrategia del gobierno del MAS para combatir al narcotráfico es exitosa? ¡**No**! Rápidamente veamos por qué:

Evo Morales tiene una estrategia **no para ganar la lucha** contra las plantaciones ilegales de coca, **sino para fomentar** su expansión.
Morales ha expulsado a la DEA para tener control directo sobre el narcotráfico y así favorecer a sus socios de la ruta Chimoré-Caracas-La Habana.
En palabras simples Evo Morales nunca va a ganar la guerra al narcotráfico, **no porque no pueda, sino porque no le conviene.**

Algo parecido diría Peter Spurgeon, jefe de la Scotland Yard de Inglaterra: *"Estados Unidos nunca va a ganar la guerra al narcotráfico, no porque no pueda, sino porque no quiere"*.

Sentencia que, si la aplicamos al gobierno del MAS (Evo Morales y la rosca presidencial), podríamos interpretarla de la siguiente manera: **Bolivia nunca va erradicar la coca excedentaria, nunca va a combatir al narcotráfico para erradicarlo de Bolivia;** no porque no pueda, sino porque autoridades y cocaleros vinculados al narcotráfico, porque sus socios narcos, en especial Maduro, le tienen comprometido con el mundo de la droga.

En este momento, donde el triángulo geográfico nacional de la coca-cocaína (Chapare-Los Yungas-Yapacaní), es tierra sin presencia de Estado (la excepción es La Asunta de los Yungas que es opositora al gobierno); en este momento en que el principio de autoridad está controlado por los sindicatos (la Policía Boliviana para ingresar a realizar controles sobre la coca-cocaína, debe pedir permiso a los dirigentes cocaleros del Chapare), en estos momentos, estamos viviendo una realidad que cada día crece geométricamente más y más y con altas dosis letales de probables nuevas, violentas y masivas muertes, por consiguiente, Bolivia y los bolivianos estaríamos seriamente amenazados de muchos y fatales peligros. (Vea nuestro Anexo *"Los peligrosos circuitos bolivianos de la coca-cocaína"*).

4.3. Inseguridad que viene del exterior (el papel político-económico de Cuba en Bolivia)

Para entender el contexto boliviano nos vemos obligados a repasar brevemente el contexto político de Venezuela. El narco-dictador Maduro (íntimo de Evo Morales, y títere de D. Cabello, el hombre que gobierna detrás de maduro y el capo de los narcotraficantes), a fin de mantenerse en el poder, ha permitido que su país sea controlado por asesores y militares cubanos quienes en un número de 20 mil combatientes cubanos, hace tiempo están asentados en territorio venezolano.

En segunda línea están los temibles y asesinos grupos de los llamados "colectivos" (más conocidos como los *caballeros de* acero, en alusión a que siempre van en motos).

Más abajo se encuentra el alto mando militar venezolano, cuyos generales son conocidos como el **cartel de los soles** (en alusión a las estrellas doradas de los generales) por estar vinculados al narcotráfico, además tienen el control instituciones y ministerios donde meten la mano y nadie les controla.

La permanencia en el poder de Maduro también está asociada al apoyo que recibe de los disidentes de FARC y ELN (ex guerrilleros colombianos convertidos en narcotraficantes) quienes están asentados en territorio venezolano, y por último están los narcotraficantes latinos, rusos y chinos, sin descartar a los que operan en los Estados Unidos.

Los *socios* políticos de Maduro a nivel internacional, aparte el de Cuba, son el asesino Ortega de Nicaragua (que en un par de meses ha mandado a asesinar a más de 500 de sus propios compatriotas) y del totalitario Evo Morales.

Evo Morales sabe muy bien que el narco-dictador Maduro, ha llenado las cárceles con presos políticos y con gente que reclama por su libertad, por alimentos, medicamentos, etc.; también sabe que ha llenado los hospitales con miles de heridos, y ha sembrado los cementerios con cientos de muertos, y ha ocasionado el éxodo (exilio obligado) de millones de venezolanos que han escapado especialmente a los países fronterizos. Sin embargo públicamente lo apoya (una reverenda estupidez diplomática) con declaraciones que deja al descubierto no sólo la supuesta defensa de un gobierno (supuestamente) democrático, sino sus probables vínculos con el mundo de la droga que entra y sale a/de Venezuela.

¿Evo Morales lo defiende a Maduro por ideología? ¿Lo defiende porque es anti imperialista? ¿O defiende al dictador, asesino y narcotraficante por instrucciones de los cubano-estalinistas que trabajan en el bunker boliviano? ¿O lo defiende por compromisos oscuros que circulan en los pasillos políticos y gubernamentales?

La respuesta a la primera pregunta, nos demuestra que en los hechos, por ningún lado vemos ideología (si existiera, la misma sería la ideología del desastre y de la muerte).
En el gobierno del MAS ya no hay rastros de ideología, incluso, los postulados del tristemente famoso "*proceso de cambio*" (que hace mucho tiempo ha muerto, sólo falta darle sepultura) estaba plagado de mentiras, engaños, falsedades, etc.; por consiguiente el tema de apoyo a la supuesta ideología está completamente descartada. Al respecto vea nuestro Anexo *"Las máscaras ocultas de Evo Morales").*

Respecto a la segunda pregunta, es conocido por el mundo político internacional que el gobierno dictatorial de Cuba para invadir los países, de los cuales quiere sacar provecho económico, usa la estrategia de brindar asistencia médica y asesoramiento político y militar, para lo cual desplaza a médicos y militares expertos en estrategias gubernamentales; pero no lo hace por ideología, lo hace porque necesita dinero. Dinero que la alta dirigencia cubana, lo despilfarra viviendo como reyes, mientras el pueblo cubano apenas tiene para comer.

Por lo expuesto, el gobierno cubano, a fin de garantizar que sigan enviando dinero y otras divisas a Cuba, los miles de cubanos desplazados en Venezuela y Bolivia (médicos, militares, asesores y traficantes de droga), ante una posible salida del poder de Maduro, y ante la necesidad de acomodar a los más de ocho mil médicos que fueron obligados a dejar Brasil, no le queda otro aliado que Bolivia, por consiguiente, los asesores cubanos que están en Venezuela y los que están en Bolivia, han recibido instrucciones de la nomenclatura cubana para que hagan los máximos esfuerzos para mantener en el poder a Evo Morales, sin importar que mañana haya un enfrentamiento armado entre bolivianos.

A los "asesores" cubano-estalinistas, no les interesan los muertos ni los heridos, ni la destrucción de las familias, o de la misma nación del país que están "asesorando" (léase invadido). El ejemplo más claro, evidente y trágico de lo que afirmamos, lo tenemos en Venezuela que ha sido ocupada gubernamental y militarmente por los cubanos quienes ya han ocasionado miles de muertos y millones de exiliados venezolanos.

Otro ejemplo desde que los asesores cubanos llegaron al país los enfrentamientos entre bolivianos han provocado unos setenta muertos y cientos de heridos y miles de gasificados, apaleados y maltratados.

Cuando deberíamos estar enfrentando a los enemigos de Bolivia y de los bolivianos, el gobierno del MAS aplicando la doctrina cubano-estalinista (de la cual el mayor seguidor es García Linera) enfrenta a hermanos campesinos contra campesinos, a sectores de bolivianos contra otros sectores de bolivianos, a dirigentes sindicales contra dirigentes sindicales bolivianos, a bolivianos contra bolivianos.

Los resultados de estos enfrentamientos entre hermanos bolivianos, a veces salvaje y criminal, siempre deja saldos de apaleados, gasificados, golpeados, heridos y muertos. Las víctimas casi siempre son del sector de la gente humilde del pueblo y de los policías de base. Las autoridades que dan órdenes ni un solo rasguño.
Concerniente a la inseguridad que sufrimos todos los bolivianos tanto por la ausencia del Estado y falta de principio de autoridad en varios lugares de Bolivia, especialmente en el triángulo Chapare-Los Yungas-Yapacaní (Cochabamba, La Paz y Santa Cruz

respectivamente) como por falta de políticas de seguridad del gobierno de Evo Morales, como por la presencia de fuerzas extranjeras (de Cuba) en nuestro territorio e incrustadas en el Palacio de Gobierno y en muchos ministerios, hemos elaborado un plan no sólo para darle seguridad a todos los bolivianos, sino asegurar de manera real la soberanía de Bolivia (nuestro país debe ser gobernado y administrado por bolivianos, no por extranjeros), salvar y resguardar la paz en todo nuestro territorio (evitar que fuerzas milicianas, de delincuentes, de narcotraficantes, tomen posesión de ciertos espacios geográficos de Bolivia.

En 1967 expulsamos a los invasores cubanos, el 2019 debemos hacer lo mismo. Pero los expulsaremos con el voto democrático ya que los bolivianos somos amantes y practicantes de la paz, además de esto, nuestra constitución nos privilegia afirmando que Bolivia es un Estado pacifista.

4.4. Deterioro del Medioambiente

Constantemente en todo el territorio de Bolivia hay incendios forestales; hay sequías, inundaciones; las principales ciudades de Bolivia sufren de contaminación ambiental; nuestros bosques son deforestados; nuestros ríos son contaminados; nuestras lagunas se están secando, otras ya han desaparecido, nuestra flora y fauna está en permanente riesgo de disminuir (muchas especies de plantas y animales están a punto de extinguirse).

El gobierno del MAS en los foros internacionales habla de defender a la madre Tierra), pero en Bolivia, especialmente en su reducto (el Chapare) las tierras y aguas de ríos y arroyos, sufren graves contaminaciones (tenemos el caso de la fábrica de urea y amoniaco que al tirar sus desechos sin proceder conforme lo estipulan las normas de medio ambiente) contaminaron los ríos del Chapare. De la misma manera tenemos a los fabricantes de cocaína que tiran a los ríos los desechos de los precursores químicos que usan.

La cereza de la torta que envenena el medio ambiente es la construcción de la carretera que va a atravesar el TIPNIS; que ya tiene varios puentes construidos y también caminos de penetración. Si no hubiera sido por la lucha de los ambientalistas, hace rato estas tierras vírgenes y que forma parte de la estructura principal del pulmón de aire puro de Bolivia, se habría convertido en tierra contaminada, porque el interés del MAS no es el desarrollo de las regiones que va a atravesar la carretera, sino la expansión de los cocales (cocaleros y narcotraficantes en acción invadirían rápidamente estas tierras).

5. LA DEFORMACIÓN EDUCATIVA
5.1. Sistema educativo estatal de bajo nivel

La lista de los defectos provocados por las políticas educativas de Evo Morales es demasiado extensa, sólo vamos a mencionar algunas deficiencias:

- Mala formación estatal de los profesores
- Salarios muy bajos de los profesores
- Educación ajena a las necesidades y modernidad del Tercer Milenio
- Unidades educativas estatales desiguales
- Pésima distribución de alumnos por aula, establecimiento y área geográfica.
- Seguridad física y cuidado de la salud en las unidades educativas estatales
- Acceso a la educación estatal con enormes costos para los padres de familia

En lo que respecta a Educación, nuestra Constitución Política del Estado (CPE), señala:

1. *"Es responsabilidad del Estado, la **formación y capacitación docente** para el magisterio público, a través de escuelas superiores de formación. La formación de docentes será única, fiscal, gratuita, científica y productiva (…). Los docentes gozarán de un **salario digno**."*

2. *"Toda persona tiene derecho a recibir educación en todos los niveles de manera **universal y gratuita**, (...)."*
3. *"La **educación fiscal es gratuita** en todos sus niveles hasta el superior."*

5.2. Mala formación estatal de los profesores

Los mandatos constitucionales sobre educación, son valiosos, supremos y extraordinarios; sin embargo en la práctica, el gobierno del MAS los ha banalizado al extremo de que los estudiantes bolivianos de acuerdo a estándares mundiales (por ejemplo Prueba Internacional de Suficiencia Académica) son los que reciben las calificaciones más bajas del continente.

Y no sólo esta lamentable verdad, sino que en todo este (falso) contrato social del gobierno del MAS con los docentes, estudiantes y universitarios, es una mentira más y parte del discurso electoralista de Evo Morales-García Linera, quienes, al estar constantemente en campaña electoral, recurren al permanente engaño y a repetir diariamente falsas promesas.

5.3. Acceso a la educación estatal con enormes costos para los padres de familia

Los derechos de **acceso gratuito** y universal a la educación pública para toda la población, **no se cumplen**; y el gobierno del MAS nunca se ha interesado en cumplir.

Millones de padres de familia saben que hacer estudiar a sus hijos, es una especie de invertir en un boleto de lotería que apenas les puede garantizar un premio consuelo: que sus hijos terminen la escuela o, con mucha suerte el bachillerato y, con extraordinaria fortuna, la universidad. Incluso una vez profesionales, no hay fuentes de trabajo para los recién titulados.

Hay familias que, a veces no tienen dinero ni siquiera para pagar la **matrícula** que, en teoría es gratuita, pero en la práctica tiene un precio impuesto por el contubernio entre la dirección de la unidad educativa y los representantes de los padres de familia, quienes sacan plata diciendo "es *para la agenda del estudiante"*, "*para* la *tarjeta de control de asistencia de los padres de familia", "para hacer "reparaciones" en la escuela", "para esto y para aquello, etc.*).

Después viene la **"*lista de material escolar*"**, el uniforme del colegio, el uniforme deportivo, lo de la banda. A este bagaje de gastos se le debe agregar, la vestimenta, el transporte, el recreo, y los ya conocidos pagos de "multas" (por inasistencia a las reuniones), las famosas cuotas obligatorias (para fletar trajes de bailes, para la kermesse, para pagar al profesor –o portero- que no tiene ítem, para la refacción del aula, para la limpieza del colegio, para el cumpleaños del director, etc.).

Durante nuestras encuestas, una madre de familia, de manera natural, sin necesidad de dramatizar nos dijo: "***Mandar a la escuela a mis hijos me cuesta igual o más que alimentarlos***".

Éste indicador socio-económico nos induce a confirmar que la tristemente famosa *reforma educativa* (política educativa del MAS) aparte de destruir los valores morales y éticos de los estudiantes, nos demuestra que el MAS quiere una sociedad estudiantil y universitaria **oveja, adormecida y mal formada; es decir sin pensamientos ni razonamientos propios.**

5.4. Salarios muy bajos de los profesores

Mientras mantengamos el actual sistema educativo impuesto por el MAS; mientras tengamos autoridades mediocres que dirijan la educación en Bolivia, mientras nuestros profesores sean tratados como trabajadores de última categoría y perciban salarios muy bajos para la enorme responsabilidad que tienen, **seguiremos teniendo un sistema educativo de muy bajo y pobre nivel.**

Los profesores, debido a los salarios bajos que perciben, se ven obligados a buscar una segunda fuente de ingreso como taxista, pintor, albañil, electricista, comerciante, etc.; o emigrando al sector privado; lo cual les impide actualizarse, mejorar sus conocimientos pedagógicos, incrementar su vocación de **enseñante, orientador, formador y educador, tetralogía ideal para tener estudiantes, universitarios y profesionales de alto nivel**.

El profesor diariamente tiene la enorme responsabilidad pedagógica, social e intelectual de formar el desarrollo intelectual y aumentar y/o mejorar la capacidad cognoscitiva de los futuros ciudadanos de Bolivia, por lo tanto merece un **salario digno y de nivel profesional**. No **pagarle lo que merece no sólo es una absurda estupidez, sino es un crimen contra nuestras actuales y futuras generaciones.**

Finalmente, el presupuesto de Educación está por debajo de los montos que el gobierno entrega a ministerios inútiles y zánganos. Hablamos del Ministerio de la Presidencia, Ministerio de Comunicación, etc., ministerios que gastan millones de millones de dólares para engordar la vanidad del presidente y llenar sus bolsillos.

Por eso la competitividad individual y/o colectiva de nuestros estudiantes, es inferior a la de los peores y más atrasados estudiantes del mundo, ya que carecen de varios y diferentes elementos, insumos y recursos humanos que el gobierno de Evo Morales en sus trece años de dictadura nunca les dio.

6. EL ABANDONO DE LA SALUD (SISTEMA DE SALUD DEL MEDIOEVO)
6.1. En lugar de salud, falsos discursos

Las políticas del gobierno de Evo Morales sobre salud, han sido y son un fracaso que ha afectado a millones de bolivianos que, en unos casos no reciben ningún tipo de atención médica gratuita, y en otros los que reciben sufren un verdadero calvario para ser atendidos en los centros de salud.

Los defectos de la salud estatal son muchísimos, he aquí algunos:

- La salud se ha convertido en eslogan político, especialmente después de la promulgación de la ley del Servicio Universal de Salud (marzo 2019)
- Sigue la vigencia de la perversidad de las "fichas"
- Pésima atención del personal estatal de salud
- Mala atención administrativa y médica en casos de emergencia
- Abandono de accidentados y enfermos graves desamparados
- Ausencia del Estado en el en control de calidad y venta de medicamentos e insumos de la salud

6.2. En lugar de salud, falsos discursos

El Artículo 9 de la Constitución Política del Estado (CPE), señala: (…) *garantiza el acceso gratuito de las personas a la salud (…).*

El artículo 18: *(II) el Estado garantiza la inclusión y el acceso a la salud de todas las personas, sin exclusión ni discriminación alguna; (III) el sistema único de salud **será universal**, gratuito, equitativo, (…) en todos los niveles de gobierno.*

Los del MAS en su propuesta (*"Diez puntos del programa del MAS"*) señalan: *"7. Salud **integral y total**. Con presupuesto adecuado, la salud debe alcanzar a todos por igual. A **ninguna persona**, en Bolivia, le faltará **nunca más** la atención médica que le permita vivir sanamente."*

Si todo aquel abultado discurso de ofertas no fuera suficiente, en su *Agenda Patriótica 20-25*, sus mentiras van más lejos, textualmente dice: *"El 100% de las bolivianas y los bolivianos cuentan con servicios de salud permanente y adecuada a sus requerimientos y necesidades. (…). Bolivia cuenta con personal y profesionales de salud altamente calificados, con una gran ética de servicio, con infraestructura, equipamiento, medicinas, así como buenas condiciones para la atención a las personas."*

Finalmente, en febrero de 2019, Evo Morales, promulga la ley del Sistema Universal de Salud, cuyo principal contenido señala que a partir de marzo 2019 la salud será **gratuita y universal**. Cuando la Constitución desde el 2009: *"Garantiza el acceso gratuito de las personas a la salud-"* (Art. 9). ¿Redundancia verbal o ignorancia constitucional?

6.3. Pésima atención del personal estatal de salud
Vamos a demostrar que todo este monumental montaje del engaño y la mentira, es un discurso barato del engaño masista. Desmontaremos una por una las mentiras de Evo y García Linera

1. Los *principios constitucionales de la* **Salud**, nunca fueron implementados, ni respetados por el gobierno del MAS.
2. Nunca ha existido **el acceso gratuito a la salud.** Para ser atendido se tiene que pagar de acuerdo al tipo de atención médica que el paciente necesite; es decir, el paciente tiene que pagar por
   - ✓ la tristemente famosa ficha,
   - ✓ los análisis,
   - ✓ la radiografía,
   - ✓ los medicamentos,
   - ✓ la atención dental,
   - ✓ el uso de una cama si es internado,
   - ✓ por las curaciones que recibe en emergencia

En conclusión, aparte de gastar su platita (que más de las veces es escasa o simplemente no tiene) el paciente tiene que **sufrir la mala atención médica** y el mal trato que recibe por parte del personal administrativo y por las enfermeras.

6.4. Mala atención administrativa y médica en casos de emergencia

El acceso para la atención de los pacientes, aparte de ser complicado y difícil es **excluyente** y **discriminatorio**; si el paciente no tiene influencia, parientes o recomendaciones o no tiene pinta de alguien que conoce sus derechos, por lo general recibe **un trato pésimo,** y si se atreve a reclamar, directamente lo tratan con indiferencia, es decir, lo dejan para el último lugar; en palabras simples lo **discriminan**, luego lo **excluyen**.

La atención de salud no es **adecuada ni permanente. El paciente** (sea aquel que tiene un resfrío, un malestar estomacal, una enfermedad, haya sufrido un accidente, etc.) para ser atendido, debe cumplir obligatoriamente varios pasos.

No existe profesionalismo, ni siquiera **calidad ni calidez,** de parte del médico, de los residente, internos y/o de las enfermeras. En todo este trayecto (vía crucis hospitalario) para recibir atención médica en el sistema de salud estatal, los pacientes sufren un calvario de 4 a 6 horas como mínimo, entre filas y esperas; y si el paciente sufre de una enfermedad que requiere tratamiento especializado o intervención quirúrgica, debe esperar meses.

El paciente en todo el prolongado trayecto de sufrimiento y miedo (desde el momento que empieza a hacer fila para recibir su ficha, hasta el momento de salir del consultorio médico y dirigirse a la farmacia o al laboratorio) sufre una especie de paranoia por el largo calvario que tiene que atravesar, **no encuentra nada de solidaridad** de parte del personal de salud. La atención de parte del personal del sistema de salud estatal **es deficiente y muy pobre.**

6.5. Abandono de accidentados y enfermos graves desamparados

Muchos pacientes (accidentados, enfermos graves, intoxicados, etc.), que llegan a "emergencias" no son atendidos con la **emergencia** que requiere el caso (los soldados heridos en tiempos de guerra que son atendidos en el lugar de la batalla, reciben mejor trato que los pacientes que buscan atención en los hospitales públicos).

Cuando uno les alienta a reclamar sus derechos, a exigir que los atiendan, atemorizados responden: *"No hay caso de decirles nada, porque si uno reclama, a uno no lo atienden".*

Los pacientes tienen miedo a **reclamar sus derechos,** porque conocen la reacción de los que trabajan en los centros y hospitales de salud estatal (se creen reyes, luego a los pacientes los ven como a vasallos sin derecho a reclamar nada).

6.6. Ausencia del Estado y falta de principio de autoridad en el en control de calidad y venta de medicamentos e insumos de la salud

¿Falla el personal del sistema de salud estatal o fallan las autoridades del Gobierno?

Falla el presidente, falla el ministro de Salud, fallan los gobernadores y alcaldes. Al no existir una coordinación entre las autoridades de los tres niveles estatales (gobierno central, departamental y municipal) y de éstos con el personal del sistema de salud estatal y privado, todo el sistema de salud, evidentemente falla.

La falla se debe a la falta de una Política Estatal sobre salud.

El gobierno del MAS, usa el sistema de salud como agente electoral. No le importa el daño que le hace a los miles de enfermos, accidentados y otros que requieren atención médica estatal.

Ante la irresponsabilidad del gobierno del MAS que ha tenido más de 13 años para mejorar la salud y que nunca ha hecho nada a favor de la salud pública, nuestro gobierno asume como una misión de cumplimiento obligatorio y como ineludible deber constitucional, trabajar de manera coordinada, técnica, científica, social y profesional con los responsables y todo personal del sistema de salud.

SEGUNDA PARTE

Programa de Gobierno (121 propuestas programáticas)
PRIMER PILAR: SALUD
1. SISTEMA DE SALUD ESTATAL DEL TERCER MILENIO
  1.1. Nuevos privilegios en salud para todos los bolivianos

Cada centro y hospital (del primer al cuarto nivel) del sistema de salud pública, contará con la base de datos del sistema de "Fichas y Colas Cero" que facilitará y agilizará la atención a los pacientes.

En todo el país implementaremos el sistema computarizado "Fichas y Colas Cero" modalidad de atención a los pacientes de centros de salud del sistema público; de esta manera se eliminarán las colas para obtener una ficha.

Cada paciente ya no tendrá necesidad de ir a dormir a los hospitales o levantarse a las tres de la mañana para recabar una ficha para para ser atendido.

Los pacientes para su valoración médica, una vez que se inscriban en la oficina virtual del ***Centro Computarizado de Salud ("CCS"),*** (esto por una sola vez), para obtener hora de atención médica, optarán por una de las siguientes modalidades: mediante Internet, teléfono o personalmente

Mediante Internet
Debe entrar a la página WEB del CCS, buscar la sección correspondiente, donde después de introducir su código alfanumérico, se le asignará hora, día y lugar del centro de salud estatal para su consulta y/o atención médica.

Mediante teléfono
Si el paciente ya está registrado en el "CCS" puede solicitar, mediante teléfono la hora, día y lugar para recibir atención médica.

Personalmente

El paciente también puede ir directamente a la oficina física del "CCS" donde puede solicitar su reserva de lugar, fecha y hora para la respectiva atención médica.

En cualquiera de las tres modalidades, en caso de que no hubiera espacio para el lugar, la hora y/o el día solicitado por el paciente, se le ofrecerá la atención en otro horario y/o centro.

Ningún paciente podrá quedarse sin hora, fecha y atención médica. En palabras simples, en lugar de que el paciente se desespere en conseguir su reserva, el funcionario estatal se esforzará hasta conseguir la reserva para el paciente.

Una vez que el paciente recurra al centro de salud para su respectiva valoración médica, en caso de que en éste nivel no se diera solución al problema de salud del paciente, el médico tratante lo referirá al centro de salud del siguiente nivel, donde el especialista de rigor lo tratará y tras la respectiva valoración médica, definirá si el paciente retorna a su hogar o es referido a un centro de salud de nivel superior (tercero o cuarto nivel), o se le fija una nueva cita médica (para el nivel de origen).

1.2. Centro Computarizado de Salud

Todo el sistema de salud estatal contará con redes computarizadas para facilitar y agilizar la atención médica a los pacientes; para ello crearemos el ***Centro Computarizado de Salud*** (*"CCS"*) el cual, en directa coordinación obligatoria y permanente entre el Estado central y los gobiernos departamentales y municipales, se encargará de brindar las correspondientes prestaciones médicas a cada paciente de acuerdo al grado de su necesidad sea un simple malestar, una enfermedad grave o un inesperado accidente.

En los cuatro niveles de salud, tanto administrativos como médicos tendrán un código de acceso directo e inmediato al *CCS* y al sistema computarizado del centro de salud del lugar de su trabajo para cualquier consulta del historial clínico de cada uno de pacientes que tenga que atender (y cuando corresponda también podrá acceder a la ficha técnica social de los pacientes clasificados como los más *"vulnerables"* y *"desamparados"*).

El médico (sea del primer, segundo, tercero o cuarto nivel), estará obligado a anotar (física y electrónicamente) los resultados de la valoración con los siguientes datos: breve resumen clínico, exámenes complementarios (con los resultados más relevantes de la especialidad requerida), diagnostico presuntivo, tratamiento, medicamentos recetados y otros y de acuerdo a la prestación requerida por la necesidad de salud del paciente, éste será referido al siguiente nivel.

Cada centro y hospital (del primer al cuarto nivel), tendrá una base interna de datos de los pacientes de su jurisdicción geográfica. Este sistema estará conectado al *CCS*, además será la herramienta útil para el personal administrativo y para los médicos locales para hacer el respectivo seguimiento y/o para tener acceso rápido al expediente médico del paciente que tengan que atender.

La transparencia y la modernidad ayudarán a desterrar la negligencia.

1.3. Unidad de Defensa, Ayuda y Orientación al Paciente (UDEAP)

Los pacientes que reciban mal trato administrativo y/o médico, podrán presentar sus quejas y/o denuncias al representante de *UDEAP* que se encontrará en cada unidad de salud estatal (de segundo a cuarto nivel), o directamente, mediante teléfono, Internet o personalmente al *Centro Computarizado de Salud*.

El "CCS", una vez que reciba la denuncia contra médicos, enfermeras y/o personal administrativo, de hospitales y centros de salud públicos o privados, registrará la denuncia en su banco de datos de quejas y/o denuncias sobre mal trato, mala atención médica, negligencia, etc. Dicha información será revisada por el *Comité UDEAP*. El Comité, cuando corresponda, solicitará a la MAE del centro de salud que al infractor se le entregue un memorándum sea de llamada de atención, suspensión o retiro de la institución del denunciado sea médico, enfermera y/o personal administrativo y si correspondiera iniciarle un proceso administrativo y/o remitirlo al Ministerio Público.

Crearemos una base de datos de quejas y denuncias contra médicos, enfermeras, personal administrativo, etc. de hospitales y centros de salud públicos y privados, para que, cuando se inicien procesos administrativos, se tenga en cuenta los antecedentes del implicado.

Protección médica real para los más pobres
1.4. Atención médica inmediata en casos de emergencia

Para los casos de emergencia, toda unidad de salud estatal tiene la obligación de dar inmediata prioridad de atención médica al *solicitante de **atención médica de emergencia**.* Para ello, se recurrirá a la "***Lista de prioridades en casos de emergencia***" (para saber si la dolencia, enfermedad, herida, etc., del paciente, o accidentado, herido, etc., es considerada como de "emergencia) y al "***Protocolo de asistencia médica de atención en casos de emergencia***". El paciente y/o el acompañante, tendrá acceso libre y directo a la Lista de casos de emergencia para saber si debe ser tratado como "paciente de emergencia".

La Lista estará disponible y visible en todo centro de salud, como en las oficinas virtuales y físicas del "*CCS*".

Todo centro de salud privado (hospitales, clínicas, etc.) que tenga contratos con el Estado (gobierno central, departamental y/o municipal) tendrá la obligación de atender casos de emergencia en forma inmediata y gratuita y con la misma eficiencia y efectividad con que trata a pacientes particulares; de la misma manera a los pacientes que por emergencia sean referidos por el "*CCS*". Para evitar el mal uso de este privilegio, o una posible negligencia, habrá un estricto control a ambas partes (al paciente o a quien lo refiere, como al centro de salud privado).

La población podrá acceder a la lista de estos centros de salud privados en la página virtual del "*CCS*".

1.5. Atención médica global y gratuita a favor de los grupos vulnerables

Los enfermos calificados como los *desamparados,* los accidentados y los enfermos graves que pertenezcan a los grupos sociales de *los más necesitados* (adultos mayores abandonados, migrantes sin hogar, niños de la calle, indigentes, alcohólicos, etc.) que no cuenten con un seguro social, ni médico (sometidos a un riguroso registro socio-económico) tendrán acceso universal, inmediato y gratuito a la salud integral (valoración médica, análisis de laboratorio, radiografías, medicamentos, etc.). También podrán acceder a este beneficio los enfermos graves o los que sufran accidentes y que requieran atención especializada y/o intervenciones quirúrgicas, y que se encuentren en la misma situación socio-económica arriba mencionada

1.6. Atención gratuita a los accidentados y enfermos graves desamparados

Los enfermos **de los grupos vulnerables** calificados como *desamparados,* los accidentados y los enfermos graves que pertenezcan a los grupos sociales de *los más necesitados* (adultos mayores abandonados, migrantes sin hogar, niños de la calle, indigentes, alcohólicos, etc.) que no cuenten con un seguro social, ni médico (sometidos a un riguroso registro socio-económico) tendrán acceso universal, inmediato y gratuito a la salud integral (valoración médica, análisis de laboratorio, radiografías, medicamentos, etc.). También podrán acceder a este beneficio los enfermos graves o los que sufran accidentes y que requieran atención especializada y/o intervenciones quirúrgicas, y que se encuentren en la misma situación socio-económica arriba mencionada.

CONTROLES ESPECIALES

1.7. Controles en los centros de salud mediante los Fedatarios de la Salud

El nivel de atención y profesionalismo del personal médico-administrativo de los hospitales y centros de salud estatales, será igual o superior al de los mejores hospitales y clínicas del sector privado.

Capacitaremos absolutamente a todo el personal del sistema de salud estatal (centros de 1º a 4º nivel) para mejorar y elevar el nivel profesional en la atención administrativa y médica a los pacientes, sin importar el origen, estado social o económico de los mismos.

En todo el sistema de salud estatal, no permitiremos más favoritismos, ni privilegios para pacientes "recomendados", amigos y/o familiares.

Implementaremos un estricto control en todo el sistema de salud, tanto estatales, como privados, para detectar negligencias, mal trato y mala atención a los pacientes por parte de los administrativos, médicos y/o enfermeras.

Los infractores, en especial si pertenecen al sistema estatal, serán sancionados administrativamente de acuerdo al grado de culpabilidad, sin perjuicio de presentar, si se diera el caso, querella ante el Ministerio Público.

Crearemos un equipo de "*fedatarios de la salud incognitos*" que en cualquier momento, tal cual fueran simples pacientes, se presentarán en hospitales, centros de salud estatales y privados, y solicitaran atención y/o información médica.

Elevarán sus informes de atención/información administrativa y médica a la *UDEAP*. Dicha información, una vez procesada, será subida al banco de datos de la *UDEAP*.

Si hubiera un administrativo, enfermera y/o médico que hubiera infringido las normas respecto al trato y atención al paciente, se elevará el informe escrito en el día a la Unidad correspondiente para proceder con la respectiva sanción.

A todo empleado y funcionario de la salud se le hará conocer la existencia de los *detectives incognitos* y en cada oficina habrá un letrero de advertencia: **"Este paciente puede ser un fedatario de la salud, atiéndalo bien"**.

1.8. Control de calidad y venta de medicamentos e insumos de la salud

Para cuidar la salud de la población, se ejercerá un control directo y permanente en la adquisición, tenencia y uso de medicamentos e insumos de la salud en todo el sistema de salud estatal y privado.

Solamente las farmacias legalmente establecidas, podrán expender productos farmacéuticos. Los productos considerados de la línea de mejoramiento de la salud, de la estética, etc. se venderán en las farmacias, siempre que los mismos cuenten con el registro de rigor entregado por cada uno de los tres niveles del Estado (nacional, departamental y municipal).

Todo medio de difusión de publicidad (especialmente radio y televisión) para pasar avisos de venta de servicios y/o de productos para la salud, estética, mejoramiento y/o fortalecimiento del cuerpo, del rostro, de la mente, etc., obligatoriamente deben contar con la autorización de la **"Unidad de Defensa, Ayuda y Orientación al Paciente"** dependiente del Estado central.

La unidad de Control de Juegos, cesará en su control sobre temas de salud, estética y otros similares.

1.9. Creación de las *Colectividades de Voluntarios de la Salud Estatal (CoVoSE)*

Las *CoVoSE* (conformado por universitarios de las carreras de la salud, y jóvenes, con vocación inherente a la salud, debida y profesionalmente entrenados), visitarán distritos y hospitales, barrios y centros de salud, para:

Detectar falencias de recursos humanos (médicos, enfermeras, etc.) y de infraestructura, de insumos, etc. en los centros de salud estatales.

Detectar necesidades médicas y de salud de la población.

Llevar a cada hogar los principios de vida saludable para tener una población sana.

Educar y orientar a los vecinos hacia estilos de vida y hábitos saludables, y la práctica de la medicina preventiva.

1.10. Creación de la *Sociedad Tripartita de Salud Estatal y Privada*

Conjuntamente con profesionales en Salud, representantes del Colegio Médico, representantes de salud del sector estatal y privado, representantes de la sociedad civil (periodistas, analistas, intelectuales y otros con conocimientos en salud estatal y privada, etc.) y representantes del Estado (nivel nacional, departamental y municipal) crearemos la **Sociedad Tripartita de Salud Estatal y Privada** con la finalidad de crear políticas estatales en salud que beneficien tanto a los pacientes (estatales y privados) como a los profesionales y trabajadores en salud.

1.11. Becas de especialización médica para los profesionales del Sistema Estatal de Salud

Los profesionales médicos (seniors y juniors) que demuestren méritos comprobables, documentales como probatorios (exámenes), de acuerdo al censo de necesidades de especialistas que se requieran para el sistema de salud estatal, serán becados a las mejores universidades del exterior.

1.12. Salarios privilegiados para los médicos y técnicos especialistas

Para evitar la *fuga* de profesionales en salud del sector estatal con especialidades médicas debidamente comprobadas, crearemos bonos económicos especiales que compensen satisfactoriamente a nuestros médicos y técnicos con especialidades requeridas en el sector de salud estatal

2 EDUCACIÓN
NUEVOS PRIVILEGIOS PARA LOS PROFESORES DEL SECTOR ESTATAL

2.1. Cada profesor, aparte de sus bonos mensuales y anuales, tendrá un salario digno e igual al de los profesionales del sector estatal.

Todos los profesores contarán con bonos económicos especiales y premios a iniciativas pedagógicas, elucubración de textos educativos, concepción de nuevos sistemas para el mejoramiento de la educación estatal, respetando el respectivo escalafón y la categoría, además tendrán un salario igual o superior al de profesionales de otros rubros que trabajan en el Estado.

2.2. Bono anual de 15.000, 20.000 y 25.000 bolivianos respectivamente para los profesores del sistema educativo estatal.

Como premio al esfuerzo anual cada profesor del sistema estatal de pre-básico, primaria y secundaria, para que tenga unas vacaciones de fin de año bien merecidas, recibirá en noviembre/diciembre un bono anual de **15.000, 22.000 y 30.000** bolivianos, respectivamente.

2.3. Incremento global y permanente del presupuesto para Educación

El Presupuesto General para el sector de Educación, será incrementado de acuerdo a las necesidades y exigencias que se tengan para mejorar la calidad de la educación en toda Bolivia; de este modo el sistema educativo estatal y privado de Bolivia, será uno de los mejores de Latinoamérica poniéndose por encima de los estándares internacionales; por lo tanto estudiar en Bolivia será un privilegio educativo.

Aumentaremos los salarios para los profesores, y haremos que la carrera de normalista, sea una de las más apetecidas por los futuros bachilleres, no sólo del sector público, sino también del privado, de este modo, el sistema educativo estatal de Bolivia será una de las plazas laborales ambicionadas por los mejores profesionales de Bolivia.

SISTEMA EDUCATIVO ESTATAL DE ALTO NIVEL

2.4. Nueva formación, nueva mentalidad, igual profesionales de la educación de alto nivel

Las normales, serán reestructuradas para que se estén al mismo o por encima del nivel de las mejores universidades de Bolivia. Cada postulante a las diversas facultades normalistas (ciencias exactas, ciencias sociales, carreras técnicas, etc.), de forma gratuita, se someterán al hayan aprobado el test de vocación pedagógica; una vez aprobado dicho test, pasarán cursos de preparación de alto contenido pedagógico. Sólo podrán inscribirse a estos cursos los bachilleres que hayan obtenido las mejores notas los tres últimos años de secundaria a nivel de estatales y privados. Una vez que hayan aprobado aquéllos cursos, darán su examen de ingreso. Todos los exámenes serán aleatorios y encriptados en el sistema computacional, de tal modo que ni los examinadores ni los postulantes podrán tener acceso directo o indirecto al banco de preguntas, excepto el día del examen y sólo podrán acceder los postulantes.

En palabras simples, sólo los estudiantes que hayan obtenido las mejores calificaciones podrán ingresar a los centros superiores de formación pedagógica para cualquiera de los tres niveles: preescolar, primaria y secundaria.

Elegir la carrera de profesor, ya no será la última opción (donde van los que quieren asegurarse un puestito de maestro o profesor). Ser profesor será un privilegio profesional con mucho honor y un excelente salario.

Los educadores bolivianos, una vez titulados e inscritos en el Ministerio de Educación y allá donde por norma legal corresponda, automáticamente serán designados para trabajar en una unidad educativa estatal.

NO MÁS FAVORITISMOS NI EXTORSIÓN PARA OBTENER UN ÍTEM.

2.5. Implementación de una nueva Política Estatal del Sistema Educativo de Bolivia acorde a las necesidades y modernidades del Tercer Milenio

En la perspectiva de formar estudiantes y universitarios cuyo nivel de conocimientos, aptitudes y desarrollo intelectual, mental y personal sea igual o superior a los exigidos por los parámetros educativos internacionales, implementaremos como Política Estatal el programa *"El moderno, amable e inteligente sistema educativo boliviano"*.

2.6. Premios e incentivos a la creación de textos pedagógicos

A manera de incentivo y estímulo a la creación de libros pedagógicos, cada profesor que elucubre un texto y que el mismo sea aprobado por la autoridad correspondiente, previo pago a sus derechos de autor, será impreso en las imprentas estatales para su entrega a los estudiantes del sistema educativo estatal de forma gratuita.

Los autores aparte de la retribución económica correspondiente, tendrá el privilegio de ver su nombre en la *"Nomina de Notables de la Educación"*.

2.7. Estímulos y premios a las iniciativas científicas y tecnológicas de profesores (y estudiantes).

Profesores (individual y/o colectivamente) y estudiantes (con o sin asistencia de sus profesores) que exploren nuevas tecnologías, que realicen inventos y/o encuentren nuevos descubrimientos, nuevas tendencias científicas, que puedan crear aplicaciones de software, etc., recibirán becas económicas para sus investigaciones, y toda la ayuda económica e intelectual necesaria para registrar y/o patentar sus inventos, descubrimientos, creaciones, etc.; además formarán parte de la *Academia Estudiantil Estatal de Ciencia y Tecnología"*.

Los estudiantes de secundaria podrán desarrollar, en forma gratuita, sus capacidades técnicas y/o científicas en los *Centros de Especialización en cibernética, robótica y Celulares.*

SISTEMA EDUCATIVO ESTATAL IGUALITARIO
2.8. Unidades educativas estatales iguales

El *Nuevo Sistema Educativo Estatal* (NuSEE) dará prioridad a la igualdad de calidad de enseñanza en todos los establecimientos educativos estatales, con rotación de directores, profesores y personal administrativo. No se permitirá la eternización del "poder pedagógico", ya que este comportamiento, le hace mucho daño tanto a los estudiantes y padres de familia, como a los mismos profesores y por extensión al Estado y al futuro de Bolivia; pues dicha conducta (la de eternizarse en el cargo y en el mismo lugar) expone a que muchos, quizás millones de estudiantes, tengan una formación deficiente, a veces mediocre; además de que se forman estudiantes de diferentes niveles educativos e intelectuales. Nunca más debemos discriminar a nuestros estudiantes. Todos nuestros niños, adolescentes y jóvenes tienen que gozar de sus derechos de forma igualitaria.

El nuevo sistema estatal no puede permitir que hayan educadores de "primera" o de "segunda", y unidades educativas de buena o de mala calidad. Todos, profesores, administrativos y alumnos, serán iguales en el *NuSEE*

2.9. Redistribución máxima/mínima de alumnos por aula, establecimiento y área geográfica (los tres niveles).

Se hará una nueva redistribución máxima/ mínima de cantidad de alumnos por aula, establecimiento y área geográfica. Nunca más sobrepoblación o reducción de alumnos en aulas.

2.10. Seguridad física y cuidado de la salud e higiene en las unidades educativas estatales

Todos los establecimientos educativos estatales tendrán guardias de seguridad permanentes, especialmente en el sistema primario.

Para resguardar la salud de los alumnos, en cada establecimiento educativo se exigirá que el mantenimiento permanente de la higiene y limpieza del establecimiento y en particular de los baños destinados a los alumnos, sea permanente y de alta calidad.

2.11. Implementación de materias transversales para mejorar la calidad intelectual y personal de nuestros alumnos

En la malla curricular, desde la perspectiva de razonamiento socio-familiar, se incrementarán las materias transversales de psicología y siquiatría social y familiar para el potenciamiento personal de los estudiantes.

El Estado implementará Unidades Educativas Móviles para dictar cursos teórico-prácticos sobre educación en seguridad ciudadana (prevención ante el tráfico y/o consumo de drogas, ante el peligro de secuestros, trata de blancas, tráfico de órganos), seguridad vial, tráfico peatonal y vehicular, etc.

2.12. Creación de la *Sociedad Tripartita de Educación Estatal y Privada*

Conjuntamente con profesionales de la educación estatal y privada (profesores, académicos y otros expertos), representantes del Magisterio, representantes públicos del sector de Educación (Gobierno central, departamental y municipal), representantes de la sociedad civil (periodistas, analistas, intelectuales y otros con conocimientos e iniciativas en educación estatal y privada) crearemos la **Sociedad Tripartita de Educación Estatal y Privada** con la finalidad de hacer de la Educación una permanente, moderna, científica y tecnológica Política estatal.

2.13. Crearemos el Viceministerio de Ciencia y Tecnología

Debido a la proyección real de lo que es y debe ser el comportamiento educativo del Tercer Milenio en cuanto respecta a educación científica y tecnológica, crearemos el Viceministerio de Ciencia y Tecnologia; de esta manera, Bolivia, mediante convenios internacionales, alcanzará el nivel de desarrollo de la educación de los países considerados los mejores del mundo en cuanto se refiere a desarrollo educativo científico y tecnológico.

2.14. Modernos insumos electrónicos en la educación estatal

Cada unidad educativa estatal de secundaria contará con pizarras electrónicas a las cuales, mediante software especial distribuido gratuitamente a los estudiantes, éstos podrán conectarse mediante sus laptops, computadores y/o celulares, para que todo el material teórico que use el educador, sea transferido al estudiante; también servirán para clases presenciales en caso de impedimento para los estudiantes (invalidez, enfermedad, resfríos, etc.).

En las unidades educativas de ciclo secundario, aparte de adecuar aulas tipo High School, las *Unidades móviles de preparación pre universitaria* darán clases trasversales de nivel superior, de esta manera los estudiantes de la promoción, según la elección de su futura carrera, tengan conocimientos reales sobre cómo funciona el sistema educativo universitario y se ambienten rápidamente al mismo una vez que estén en la universidad.

SISTEMA EDUCATIVO ESTATAL REALMENTE GRATUITO

2.15. Crearemos Imprentas Estatales para entrega gratuita de material educativo (primaria y secundaria)

Crearemos el *Departamento de imprentas escolares* (DEIE) donde editaremos agendas escolares, cuadernos y libros, los que serán distribuidos gratuitamente a todos los estudiantes del sistema educativo estatal.

Seremos exigente en cuanto se refiere a la excelencia pedagógica de los textos educativos, en su forma y contenido. Los textos, deberán ser originales, didácticos, cualitativos y de alta calidad. Sus autores deberán garantizar que los textos son inéditos y que no tienen contenido plagiado, etc. Para la respectiva verificación el **DEIE** hará las investigaciones que aconsejen el caso. Cualquier tipo de plagio será sancionado de acuerdo a Ley.

2.16. Uniformes gratuitos para todos los alumnos estatales de primaria

En coordinación con los gobiernos autónomos, a cada estudiante de primaria del sistema educativo estatal se le entregará su respectivo uniforme escolar, con los distintivos de la escuela, los cuales deben ser aprobados por el Ministerio de Educación.

Los uniformes serán confeccionados por micro y pequeñas, a las cuales se les otorgará ventajas, como ser mejoramiento en el trato tributario, créditos (o adelantos) para la adquisición de material y máquinas de confección de última generación, etc.

NIVEL UNIVERSITARIO

2.17. Trabajo directo a los profesionales titulados con mención de honor y con altas calificaciones

Los profesionales titulados de las universidades estatales que hayan obtenido las mejores calificaciones en los últimos tres años, serán contratados directamente y de manera obligatoria por el Estado en los tres niveles gubernamentales (nacional, departamental y municipal), en porcentajes de acuerdo a sus presupuestos e ítems existentes para profesionales. Para implementar esta medida estatal coordinaremos con los gobiernos autónomos y con el TGN para que se destine una partida especial al respecto.

El porcentaje de nuevos profesionales a ser contratados, será determinado por la *"Unidad de Contrataciones Estatales de nuevos profesionales"*, constituida por representantes de los tres niveles gubernamentales de Bolivia.

Para que los flamantes profesionales, adquieran la experiencia necesaria y cuenten con un certificado que avalúe dicha experiencia, además de tener una fuente de trabajo, los contratos serán de un año como mínimo y de dos como máximo.

2.18. Premios a las iniciativas estatales, científicas y/o tecnológicas de docentes y/o universitarios

Docentes y universitarios que exploren nuevas tecnologías, nuevas tendencias científicas, filosóficas, ideológicas, sociales, etc. recibirán becas económicas para desarrollar sus investigaciones a favor del Estado, además formarán parte de la *Academia Estatal de Ciencia y Tecnología* o de la *Academia Estatal de Ciencias sociales, políticas y filosóficas.*

Todas las universidades (estatales y privadas) obligatoriamente deben agregar a su malla curricular materias transversales de Primeros Auxilios, Educación y Seguridad Vial, Seguridad Ciudadana, tanto para su uso personal como para ayudar a la sociedad boliviana.

2.19. Préstamos para estudios universitarios

Todo bachiller (o universitario) que quiera profesionalizarse en las universidades estatales (y en universidades privadas que hayan sido aprobadas por el *Instituto de Prestamos Educacionales para Estudiantes y universitarios* ("INPREUN"), podrá presentar su solicitud de préstamo al **INPREUN,** sin más garantía que la firma de un contrato de devolución total del dinero prestado que empezar a pagarlo una vez que trabaje.

Para no afectar su economía podrá elegir tres modalidades de pago: 20%, 30% o 50% del total de su salario líquido.

Exigencias: durante el periodo de estudios, aprobar todas las materias en el año académico, titularse y trabajar.

En caso de abandono de los estudios por causas forzadas e ineludibles, el beneficiario tendrá que devolver todo el dinero adeudado a la fecha de abandono de estudios; se exceptúan cuando el abandono es por causas extraordinarias: accidente, enfermedad, etc.

2.20. Control estricto en los exámenes de ingreso a la universidad estatal

Las inscripciones para dar exámenes de admisión a las universidades, academias e institutos estatales serán completamente gratuitas. Una vez que el postulante haya aprobado, recién pagará los costos de matriculación.

El sistema de exámenes de admisión debe ser aprobado por el Ministerio de Educación.

Todo postulante que intente pagar o pague para asegurarse el ingreso, no sólo será descalificado para cualquier otro examen en todo el sistema universitario estatal, sino será remitido al Ministerio Público para ser procesado penalmente; de la misma manera se procederá con docentes y administrativos, como con ayudantes de cátedra y universitarios que, mediante coimas, favores, recomendaciones, etc. ayuden a los postulantes facilitándoles y/o asegurándoles la aprobación del examen de ingreso a la universidad.

ELEVANDO EL DEPORTE BOLIVIANO A NIVEL INTERNACIONAL

2.21. Apoyo universal a los mejores deportistas bolivianos

Todo aquel deportista (hombre o mujer) que tenga potencialidades, iniciativas y tenga el corazón deportivo y la mente de ganador y ame a Bolivia, además esté dispuesto a vencer las marcas nacionales y a nivel internacional, quiera acercarse o superar a los mejores deportistas del mundo, tendrá tratos privilegiados en lo deportivo y económico.

Todos los deportistas (de 6 a 12; de 13 a 18, y de 19 hacia adelante) que sean seleccionados por sus entrenadores, o detectados por la Comisión de Estrategia Deportivas, serán becados a los *Laboratorios Científicos y Centros Tecnológicos Deportivos* donde podrán desarrollar sus potencialidades deportivas de tal manera que los que se destaquen (venciendo las marcas nacionales) serán enviados al exterior para así alcanzar y/o vencer marcas internacionales.

Nunca más los deportistas pagarán de su bolsillo preparación física y psicológica, viajes, estadías, uniformes, etc., para representar a su región y/o Bolivia en eventos nacionales e internacionales.

2.22. Estructuras del tercer milenio para el deporte

Todos los deportes tendrán sus respectivas infraestructuras, además de recursos humanos, técnicos y económicos. Los entrenadores con el objetivo de que sus entrenados, alcancen y/o venzan las marcas internacionales, recibirán becas para especializarse en su área, de esta manera, los entrenadores garantizarán un entrenamiento moderno, eficaz y práctico, dando una formación deportiva de nivel internacional a nuestros estudiantes, jóvenes y señoritas, como también a los deportistas amateurs y profesionales.

Dirigente, autoridad y/o entrenador deportivo que discrimine a cualquier deportista, para favorecer a otros deportistas, a sola denuncia y presentación de pruebas, será procesado por daño deportivo. No más privilegios ni padrinazgos para deportistas "favoritos", "recomendados", o amigos y/o familiares.

2.23. Fútbol pasión de multitudes

Los jugadores bolivianos que sean convocados para defender los colores de nuestra selección, y se destaquen, en base a disciplina y amor, demostrando en la cancha el poder de su pundonor deportivo (defender los colores de la Patria con esfuerzo, pasión y valor inagotables), aparte de entrar a la *Galería de Honor Nacional*, recibirán medallas de honor nacional y un bono económico de por vida. El cuerpo técnico de la selección tendrá el mismo tratamiento de beneficios y honores.

Los dirigentes, que den lo mejor de sí a favor de nuestra selección, se harán acreedores a premios especiales (formar parte de la *Galería de Honor Nacional*), recibir condecoraciones, etc.

Primero la selección de Bolivia antes que los intereses personales.

2.24. Ajedrez, el deporte ciencia y el poder de la mente

Aparte de brindar todo el apoyo y el fomento necesarios a los aficionados y profesionales del deporte ciencia (el **ajedrez**), daremos especial apoyo a los profesores y a los maestros de ajedrez quienes, contratados por el Estado, harán del ajedrez un deporte de ciencia educativa para los estudiantes de primaria y secundaria. La enseñanza del deporte ciencia será implementado como materia transversal en todas las unidades educativas estatales del país, de esta manera nuestros estudiantes no sólo desarrollarán su capacidad mental, sino que aprenderá las estrategias del razonamiento que le ayudará tanto en su vida estudiantil, como en su accionar social y, posteriormente, profesional.

TERCER PILAR: UNIVERSO SOCIAL
PROTEGIENDO A LOS MÁS NECESITADOS

3.1. Capitales de ocho mil dólares para los más pobres para crear fuentes de trabajo grupales

Los jefes de familia de los grupos económicamente vulnerables, que se unan en grupos (como mínimo cuatro familias) recibirán un capital de 8.000 dólares por grupo que servirá de base para abrir pequeños negocios, iniciar microempresas, abrir oficinas de servicios, etc.

Si requiriesen un mayor capital, una vez que se inscriban en el programa *"Desarrollando iniciativas económicas"* y demuestren su solvencia empresarial, sobre la base del dinero recibido, podrán solicitar préstamos de la banca estatal para mejorar su iniciativa empresarial, comercial o de servicios.

3.2. Movilidad propia para trabajar que se paga con el dinero de la renta diaria

Todo conductor del servicio público que demuestre que no es propietario y pertenece al sector social de los más vulnerables y/o necesitados, con un capital mínimo (entre 10 a 15 por ciento) **sin necesidad de garantía** podrá beneficiarse del programa *Movilidad propia que se paga con la renta*, y tener su movilidad propia para trabajar en el sector público.

3.3. Agua y luz gratuitos

Con la finalidad de reducir los gastos de los más pobres y necesitados, el acceso y uso del agua y de la energía eléctrica serán gratuitos, excepto cuando su consumo supere la barrera del consumo subvencionado. Vea el Anexo *"Subvenciones sociales"*

3.4. Nuevo sistema de distribución de gas en garrafas

A los hogares que aún usan gas en garrafas, se les dará un trato preferencial en la venta a domicilio. Crearemos la *Unidad de Control de venta de gas en garrafas.* Esta Unidad se encargará puntualmente de que las garrafas se encuentren en buen estado de uso y limpias (seguridad e higiene para los usuarios, en especial para las amas de casa).

Los camiones distribuidores para facilitar a los usuarios, de manera obligatoria, durante dos días a la semana en horarios fijos, harán la venta-distribución de gas en garrafas.

La escasez del gas en garrafas afecta a toda la población, especialmente a los pobres y a la gente que vive en zonas alejadas del eje central de Bolivia, y no sólo eso, sino que en las principales ciudades del país la escasez de gas en garrafas, se ha vuelto un problema de todos los días y en todos los barrios; y los especuladores se aprovechan para vender a precios muy altos, muchas amas de casa, tanto de la ciudad como de los pueblos, han tenido que pagar por una garrafa de gas hasta Bs. 60,00, incluso a Bs. 100,00, cuando su precio oficial es de Bs. 22,50.

Los precios serán uniformes en todo el país. Para lugares alejados de los centros de distribución de YPFB, a los distribuidores de gas en garrafas se les hará un tratamiento especial subvencionado.

SEGURIDAD CIUDADANA PARA TODOS

3.5. Aplicaciones electrónicas e inteligentes para cuidar a nuestros hijos

El Estado creará al interior de la Policía la *Unidad de Élite de Ciencia y Tecnología Policial (UECyT)*, la cual trabajará para brindar seguridad a nuestros hijos menores, adolescentes y jóvenes. La *UECyT*, mediante un moderno y secreto sistema electrónico, que se instalara en celulares de los padres, cuando sus hijos al ir o volver de clases, de ir a una visita programada, etc., se "salga" de su ruta cotidiana, serán notificados para que inmediatamente tomen las acciones correspondientes; se este modo se podrá evitar secuestros, compra-venta y/o consumo de drogas (cocaína, mariguana, bebidas alcohólicas), etc.

3.6. Seguridad en los barrios con los ojos electrónicos en constante actividad de vigilancia

Se creará un cuerpo de élite cibernético para que alimente con información constante y al minuto a las unidades y parejas policiales de patrullaje de las calles, lo mismo que a guardias privados, mediante el uso combinado de las cámaras de las entidades estatales (alcaldías, gobernaciones y gobierno central) con las cámaras de uso particular (de bancos, comercios, hoteles, casas, etc.).

Apenas se detecten, por ejemplo, en las unidades educativas estatales a personas sospechosas, o se muestren acciones típicas delictivas (trata de blancas, secuestro, asaltos, robos, etc.,) o si alguien diese muestras de que está tratando de ingresar en actitud sospechosa a un comercio, una casa, un auto, etc., o en su accionar se notan movimientos delictivos, inmediatamente se activarán los mecanismos de rápida alerta para que los patrulleros y guardias de seguridad (policiales y/o privados) se dirijan al lugar.

3.7. Moderno sistema para reducir los Feminicidios, infanticidios y otros homicidios y/o asesinatos

Para detectar, detener y erradicar el flagelo de los feminicidios, infanticidios, parricidios, y violaciones a niños, adolescentes, etc., haremos estudios científicos (comprender el comportamiento neurológico de los feminicidas e infanticidas), estudios sociales (entender la conducta en el entorno social en que vive y/o trabaja el homicida) y se trabajará en función de los resultados con equipos multidisciplinarios, pero en especial con especialistas en psicología personal, social y criminal; en base a los resultados de dichos estudios científicos, las unidades móviles de *Educación Ciudadana* realizarán los respectivos trabajos en las unidades educativas (ciclo de secundaria), universidades y barrios, como en los medios de comunicación, especialmente televisión y redes sociales.

3.8. Brindando formación en seguridad a los ciudadanos

En lugar de elaborar leyes (que nunca se cumplen), en lugar de llenar con propagandas alienantes sobre el contenido de dichas leyes, vamos a desplegar en las unidades educativas, en los barrios a los miembros de la *Unidad de orientadores sociales y familiares*, para que hagan conocer a la ciudadanía todo lo relacionado a lo que es y cómo debe llevarse a cabo, la seguridad en la familia, en el hogar, en el cuidado de los valores que uno lleva consigo (dinero, tarjetas de crédito, joyas), en la protección de su auto, en la calle o al interior del transporte público y/o municipal, en el barrio, en el trabajo, etc.

Durante los programas televisivos para niños, adolescentes y jóvenes (realizando la respectiva discriminación de edad), los canales de televisión están en la obligación de pasar programas de prevención y orientación sobre delitos contra niños, adolescentes y jóvenes que deben ser extraídos de los "*Paquetes de Vida en Plenitud*".

3.9. Prevención en carreteras y puentes

No más carreteras y puentes intransitables e inhabilitados por causas de lluvias, derrumbes, nevadas, etc.

Crearemos el *Servicio Permanente de Prevención de Problemas en Carreteras y Puentes* (SP3). Este servicio de manera diaria estará en permanente inspección técnica sobre posibles derrumbes, creación natural de baches, huecos, deterioros de las carreteras y puentes.

Cuando, por causas que no se hayan podido prever, el SP3, contará con equipo de inmediata reacción para solucionar el paso de vehículos con la instalación de puentes y mantos metálicos de emergencia para una continua circulación de vehículos.

Modernidad y solución ante todo.

3.10. Estafas, fraudes y otros en inmuebles

Las personas bolivianas interesadas en la compra, anticrético, alquiler de un inmueble (casas, departamentos, cuartos, terrenos, etc.) podrán verificar que el inmueble que les interesa está legalmente apto para ser vendido, dado en anticrético y/o alquilado, recurriendo a la *Unidad de Protección al Ciudadano "UPROCI"*.

Los propietarios y/o apoderados que quieran vender, dar en anticrético o alquilar su bienes inmuebles (casas, departamentos, cuartos, terrenos, etc.) antes de publicar su aviso por cualquier medio (prensa escrita, radial, televisiva, inmobiliarias, avisos en las calles, etc.) obligatoriamente deben recabar el código alfanumérico de la *UPROCI.*

Los medios publicitarios (prensa en general e inmobiliarias y otras agencias) deben exigir la presentación de dicha autorización para publicar el aviso. Los propietarios cuando el interesado (en alquilar, comprar, etc. un bien inmueble), sea extranjero, deben exigir la presentación del formulario con el código alfanumérico para extranjeros de la *UPROCI.*

Si la persona interesada en alquilar, tomar en anticrético o comprar el bien inmueble, es extranjera, los propietarios para concretar el contrato (escrito o verbal) deben exigirle al interesado la presentación del código *Alfanumérico Para Inmuebles para extranjeros* expedido por la **UPROCI.**

3.11. Extranjeros indeseables

Crearemos la *Unidad de Control Interno de Extranjeros Indeseables,* para detectar, detener y expulsar a extranjeros indeseables, peligrosos y/o que se encuentren en las listas de la Interpol, o a aquellos que por razones políticas busquen la división de los bolivianos y/o atenten, o alteren la paz y tranquilidad a la que estamos acostumbrados a vivir los bolivianos.

3.12. Cárceles y Centros de detención y rehabilitación para menores de edad

Cambio gradual y constante para separar a los presos, tomando en cuenta factores de su condena, tipo de delito cometido, edad, grado de peligrosidad.

Todos los presos estarán obligados a realizar actividades ocupacionales por 40 horas semanales, de acuerdo a su profesión, oficio y/o interés personal.

Se hará consultas ciudadanas para que el sistema penitenciario se convierta en un sistema de administración mixta (estatal y privado).

Se construirán cárceles, alejadas de los centros urbanos para encarcelados altamente peligrosos o cuya conducta los conviertan en sujetos conflictivos.

Tratamiento a los menores sentenciados

Realizaremos reformas profundas en cuanto respecta al tratamiento de detención, rehabilitación y transformación de la conducta de los menores de edad recluidos por delitos para que su reinserción a la sociedad sea altamente positiva para bien del reinsertado, de su familia y de la misma sociedad.

Los menores de edad sentenciados por delitos de homicidio, feminicidio, violación a menores, en especial a menores de doce años, y otros menores de edad clasificados por especialistas como altamente peligrosos, serán recluidos en el centro de detención y rehabilitación para menores especiales.

Construiremos un *Centro de detención y rehabilitación para menores especiales.*

CONTROLES ESPECIALES
3.13. Control de productos alimenticios y otros

En coordinación con las alcaldías y gobernaciones, nuestro gobierno ejercerá un estricto control para prohibir, decomisar y destruir productos y alimentos en mal estado (verduras, papas agusanadas, frutas, arroz, fideos, conservas, etc.) y sancionar con cárcel la venta de productos que dañen la salud o provoquen la muerte de los consumidores.

3.14. Control de publicidad y de propaganda

Los medios de comunicación (televisión, radio, diarios, Internet, etc.) para publicitar avisos relacionados a la prestación de servicios y/o venta de productos para la salud, estética, mejoramiento y/o fortalecimiento del cuerpo, del rostro, de la mente, etc., obligatoriamente deben exigir la autorización con el código alfanumérico de la *Unidad de Protección al Ciudadano ("UPROCI")*. Dicho código debe aparecer en lugar visible en el anuncio publicitado.

3.15. Nuevo sistema de control sobre el circuito Coca-Cocaína

Hasta antes de la asunción al gobierno del Movimiento al Socialismo (MAS), la *estrategia oficial* **no era viable, ni adecuada**. Esta estrategia impuesta a los países andinos en general y, en particular, a Bolivia, por los Estados Unidos con la aprobación de Europa, no era viable porque la misma tenía su epicentro en:

1. La aplicación de nuevas leyes (en el caso de Bolivia Ley 1008)
2. La falta de prevención del mal uso de la cocaína
3. La prevención de los cultivos de la hoja de coca buscando la erradicación total de las plantaciones de coca, estimulando su reemplazo con el llamado *Desarrollo con Producto Alternativos.*

Esta *estrategia oficial*, **ha fracasado rotundamente.**

¿La estrategia del gobierno del MAS es exitosa? ¡**No**! Ha dado peores resultados para el control, erradicación del circuito coca-cocaína, ha sido vencida por el aumento de una mayor producción de hectáreas destinadas a las plantaciones excedentarias de coca destinada al narcotráfico, también han sido derrotados (tal vez cooptados) por los productores y traficantes de cocaína.

Vea el Anexo *"Los efectos perniciosos del círculo coca-cocaína"*.

POLICÍA BOLIVIANA Y SEGURIDAD CIUDADANA

3.16. Tendremos una Policía digna, soberana y constitucional

La institución policial, por mandato constitucional y por cumplimiento de las leyes en todo el territorio boliviano, tiene la misión específica de la defensa de la sociedad y la conservación del orden público, ejerciendo dichos mandatos, en conformidad con su norma interna y las leyes del Estado, y no de acuerdo a órdenes e intereses del gobierno de turno.

Nuestro gobierno le devolverá su rol constitucional a la Policía Boliviana y de éste modo tendremos una Policía digna, respetable e independiente.

3.17. En primer lugar Seguridad para la Sociedad Civil

Para fortalecer la eficiencia, eficacia y ética policial ("Policías Triple E"), el Estado realizará una reestructuración técnica, científica y tecnológica al interior de la Policía, además, sus instructores y jefes serán becados al exterior para adquirir conocimientos sobre los últimos adelantos globales de las mejores policías del mundo, de este modo, formaremos una Policía amable y moderna, tanto por los equipos, insumos y movilidades, como infraestructura, con los que contará, como por el comportamiento de sus jefes y subordinados.

3.18. Nuevas y Modernas Unidades Policiales

Para proteger a la sociedad en movimiento (sindical, contestatario, etc.) y también a los mismos policías que sean enviados a controlar a dichos movimientos, se crearán tres unidades de policías especiales:

1. *"Unidad para el Mantenimiento Moderno del Orden Público"*. (UEMOP). Los policías de esta unidad, alta y profesionalmente especializada, actuarán ante bloqueos, marchas, etc., como unidad policial de

pacificación, para evitar que los manifestantes se enfrenten a otros grupos de manifestantes y/o de transeúntes, etc. Esta unidad será de observación y/o disuasión, no de intervención.

2. *"Unidad de Seguridad de Protección a los Policías"* *("USPPOL").* El comandante de esta unidad sólo dará la orden de intervención de acuerdo al manual de *"Mantenimiento Moderno del Orden Público" (MaMPU).*

3. *Unidad de Evaluaciones de Riesgos Ciudadanos y/o Policiales* (UERCPOL). Esta unidad tendrá la responsabilidad de hacer el seguimiento analítico de la situación de crisis.

Procedimiento

Todas las órdenes y acciones policiales deben registrarse en medios electrónicos para su respectivo descargo, especialmente si hay víctimas civiles o policiales. Los medios aceptados serán los contenidos de las grabadoras, filmadoras, drones, cámaras de vigilancia, etc. Nunca más impunidad ante los abusos y excesos. Nunca más el pretexto de que se rompió la cadena de mando policial.

Si los manifestantes, bloqueadores, etc., están por rebasar a los policías de la UEMPOP y pongan en riesgo la seguridad física de los transeúntes, de los mismos manifestantes y/o de los policías, el responsable del *Centro de Evaluaciones de Riesgos Ciudadanos y/o Policiales*, una vez que haya evaluado la situación de crisis (mediante las imágenes enviadas por los drones desplazados en el lugar del conflicto, ante el eventual peligro para los civiles (manifestantes y/o peatones), y/o policías de la UEMPOP, dará la respectiva orden para que la *Unidad de Seguridad de Protección a los Policías* (cuyos efectivos estarán en las inmediaciones del área de conflicto) proceda conforme a la pre planificación.

Concluida la intervención (cualesquiera sean los resultados de la misma) el comandante de la *USPPOL*, en un plazo no mayor a cuatro horas, elevará un informe escrito y con acompañamiento de pruebas visuales (filmaciones y grabaciones) al **Comité de Defensa de los Ciudadanos**, para así demostrar, uno, la necesidad de la intervención policial por parte de la *USPPOL*; dos, que fueron los manifestantes los que iniciaron el ataque a la Policía y/o a los transeúntes; y tres, que se actuó conforme al *MaMPU*.

Las filmaciones del operativo policial estarán a disposición de la fiscalía, juzgados y de la prensa como de los ciudadanos que lo requieran, especialmente si hubiera víctimas (heridos y/o muertos).

Nunca más el uso y abuso de la fuerza bruta policial, ni bastones, ni gases, ni balines de goma, ni armas reglamentarias de fuego.

Los civiles (manifestantes, bloqueadores, etc.), responsables de haber iniciado el ataque físico a los policías (o a otros civiles), serán detenidos y, junto a las pruebas (filmaciones y otros), serán remitidos a las autoridades competentes.

La acusación verbal de la Policía sólo tendrá valor con la presentación de las filmaciones u otras pruebas visuales y/o físicas.

La Policía siempre protegerá al sector o sectores en conflicto y a la sociedad civil. Nunca más protección discriminada.

3.19. Insumos acorde a las necesidades y crecimiento poblacional

Desde tecnología policial de última generación (laboratorios completos para análisis de balística, de huelas digitales, de reconocimiento facial, etc., hasta análisis genético) hasta cosas sencillas como camillas y/o bolsas según los estándares mundiales para trasladar heridos y/o muertos (de accidentados, suicidas, asesinados, etc.), y vagonetas construidas para tal efecto. Nunca más traslado de heridos y/o muertos en mantas o frazadas, en camionetas o en taxis.

NUEVO COMPORTAMIENTO POLICIAL

3.20. Nuevo y civilizado accionar de la Policía ante los bloqueadores, marchistas y otros. Nunca más heridos ni muertos provocados por la violenta acción policial.

La Policía tiene que manejar profesionalmente cualquier situación de crisis que se desate durante un bloqueo, manifestación, marcha, etc., y siempre conforme a los mandatos legales y a sus normas internas; y no con la mentalidad autoritaria y abusiva, es decir el uso de la fuerza bruta, las agresiones verbales y/o físicas, el uso de balines de goma, de las balas (de los llamados 'grupos de élite') cuando no se sujeten a la Ley y normas pre establecidas, serán sancionados administrativa y penalmente.

La autoridad policial está envestida de poder, no para utilizarlo en beneficio personal y/o de su institución, tampoco para cumplir órdenes políticas del gobierno y/o de autoridades estatales y/o de intereses de privados. El poder de la Policía tiene que usarse para conservar el orden público, para resguardar los bienes del Estado, y siempre en beneficio y defensa de la población civil.

Toda manifestación pública a favor o en contra del gobierno central, departamental, municipal o contra algún sector público o privado, tendrá el mismo tratamiento por parte de la Policía Boliviana. No habrá diferencias ni favoritismos que ayuden o perjudiquen a los manifestantes.

El Estado garantizará que la Policía Boliviana brinde la debida protección a todos los civiles, en especial a quienes se manifiesten públicamente, siempre y cuando estén dentro los límites constitucionales y legales.

3.21. Capacitación Permanente a los mandos superiores y a sus subordinados

Todos los policías (sin distinción de rango) serán capacitados por profesionales expertos en actuaciones policiales frente a conflictos cotidianos de la sociedad civil para interactuar tanto con los civiles que recurren a ellos por asuntos domésticos y de fácil solución, como en situaciones de conflicto social (bloqueos, marchas, manifestaciones, etc.) como en su diaria y permanente lucha contra la delincuencia en sus diferentes formas (delitos comunes, políticos, gubernamentales y otros denominados de "guante blanco")

3.22. Policía moderna en lo técnico, científico y cibernético

Se firmará convenios internacionales con los gobiernos donde se encuentran las policías más modernas, eficientes y profesionales de todo el mundo, para que la Policía Boliviana adquiera los conocimientos e instrumentos científicos, técnicos y jurídicos para implementarlos en Bolivia y así cumplir satisfactoriamente los mandatos normativos y constitucionales para proteger a todos los bolivianos.

3.23. Nuevo tratamiento de la Unidad de Seguridad Física

El Estado está en la obligación de proteger a todos los habitantes y estantes de Bolivia en las mismas condiciones. No más privilegios policiales para unos, y abandono policial para otros.

De los casi 40.000 miembros activos de la Policía (oficiales superiores, oficiales subalternos, suboficiales, clases y policías) aquellos que realicen actividades policiales ferrocarrilera, de turismo, minera, como también el resguardo y seguridad de los establecimientos penitenciarios, que participen en las Campañas de Alfabetización, lo mismo que los de la unidad de Protección de Dignatarios (USEDI), serán reasignados a Seguridad Ciudadana para el cuidado de la sociedad civil poniendo en práctica su lema: "Contra el mal por el bien de todos". Por su parte, los miembros del Batallón de

Seguridad Física (BSF) que brindan servicio policial a personas particulares, estatales, bancos, empresas, etc., pasarán de manera directa a formar parte del Batallón Policial de Seguridad Estatal, para brindar seguridad en las unidades educativas y centros de salud estatales. El BSF durante el periodo de transición dará formación especial a guardias privados para que se especialicen en brindar seguridad física de la misma calidad del BSF a entidades bancarias, diplomáticas, etc.

3.24. Bonos económicos especiales para los "*Policías Triple E*"

Para fortalecer la eficiencia, eficacia y ética de los *Policías Triple E,* el Estado incrementará los salarios tanto de oficiales como de policías rasos, de tal manera que la función policial cumpla al cien por ciento su labor y mandatos constitucionales. El incremento favorecerá mucho más a los policías de base, ya que los porcentajes de aumento salarial serán proporcionalmente inversos.

3.25. Recursos directos en lugar de recaudaciones

El sistema de recaudación que realiza la Policía Boliviana (certificados, valores, rosetas, multas), pasará directamente al Estado central y si correspondiera, a los gobiernos autónomos. El gobierno, en los tres niveles, realizará la respectiva transferencia, en base a lo recaudado durante los últimos tres años, mediante una partida presupuestaria especial a las cuentas oficiales de la Policía Boliviana para que los siga utilizando para su institución y miembros policiales; es decir, conforme a Ley, la Dirección Nacional de Fiscalización y Recaudaciones (DNFR) recibirá los montos requeridos que se destinarán con exclusividad a la Mutual de Servicios al Policía (Muserpol), al Consejo de Vivienda Policial (Covipol) y a la DNFR.

3.26. Creación de la Comisión Permanente Estatal para Control interno de la Policía

Esta Comisión en coordinación con el Ministerio de Gobierno y el Comandante de cada unidad nacional o departamental policial, tendrá por objeto realizar fiscalizaciones y controles estatales contra abusos y/o excesos policiales y/o administrativos internos contra los mismos policías (oficiales y suboficiales, como personal raso, sin importar el grado de los mismos).

3.27. Control estricto en los exámenes de ingreso a la ANAPOL

Las inscripciones para dar exámenes de admisión a la Academia Nacional de la Policía 8ANAPOL) como a las otras instituciones policiales, serán completamente gratuitas. Una vez que el postulante haya aprobado, recién pagará los costos de inscripción y/o matriculación.

El sistema de exámenes de admisión presentado por la Policía Boliviana debe ser aprobado por el Ministerio de Educación y por la *Comisión Permanente Estatal para Control interno de la Policía.*

Todo postulante que intente pagar o pague para asegurarse el ingreso a la ANAPOL o a las otras instancias, no sólo será descalificado para cualquier otro examen en todo el sistema policial, sino será remitido al Ministerio Público para ser procesado penalmente; de la misma manera se procederá con miembros de la Policía Nacional, docentes y administrativos, que mediante coimas, favores, recomendaciones, etc. ayuden a los postulantes facilitándoles y/o asegurándoles la aprobación del examen de ingreso.

CUARTO PILAR: ECONOMÍA DEL TERCER MILENIO
Lo que importa no es el color del partido, sino los colores de Bolivia.

4. CUIDANDO LA ECONOMÍA DE LOS BOLIVIANOS
4.1. Estabilidad Económica

Una de nuestras novedosas políticas económicas será invitar a los partidos con representación parlamentaria para que sus equipos de profesionales y proyectistas trabajen en la implementación de sus propuestas programáticas siempre que las mismas beneficien a Bolivia y a los bolivianos; del mismo modo serán invitados los profesionales de otras instituciones legalmente establecidas (colegios de economistas, de abogados, de médicos, de arquitectos, etc.) y también profesionales y proyectistas independientes y aquellos profesionales que provengan de comités cívicos, sindicatos, movimientos sociales, etc.

Los únicos requisitos para que formen parte de los equipos de trabajo gubernamentales será que sus propuestas estatales sean viables y rindan los frutos esperados, además tengan un legítimo interés para cooperar con el gobierno en favor de nuestra Patria y de todos los bolivianos.

Respecto a los profesionales estatales del anterior gobierno que pertenezcan al área económica y a áreas estratégicas, continuarán en sus funciones, siempre y cuando su rendimiento sea prolífico, transparente y se adapten al nuevo comportamiento estatal y gubernamental que todo funcionario público deberá tener en nuestro gobierno.

Para generar economía en permanente crecimiento en favor de Bolivia y de los bolivianos aplicaremos el plan **"Bolivia no detiene en su desarrollo hasta el año 2050".**

PRIMERO LOS MÁS POBRES Y NECESITADOS
4.2. Generación de empleo. Asegurando 300.000 empleos para todos los bolivianos

a. Emprendimientos empresariales (240 mil empleo)

Unas doscientas cuarenta mil personas de escasos recursos al contar con un capital otorgado por la banca estatal, sin más garantía que la conformación de grupos de emprendimientos, contarán con capitales suficientes para abrir pequeños negocios, microempresas, abrir oficinas de servicios, etc. Vea: *"Capitales de ocho mil dólares para los más pobres para crear fuentes de trabajo grupales."*

b. Micro y pequeñas empresas (cinco mil empleos)

Las micro y pequeñas empresas serán las responsables de confeccionar más de un millón de uniformes para los escolares (de 1 a 6 de primaria); además, se les otorgará ventajas, como ser mejoramiento en el trato tributario, créditos (y/o adelantos) para la adquisición de material y máquinas de confección de última generación, contratación de personal, etc.

c. Para jóvenes que ingresan por primera vez al mercado laboral (38 mil empleos)

En el caso de titulados en las universidades estatales que hayan egresado con las mejores calificaciones, serán contratados directamente y de manera obligatoria por el Estado.

Para los jóvenes que no tienen una profesión, crearemos fuentes de trabajo, en especial para los que por primera vez ingresan al mercado laboral, a quienes, de acuerdo a sus aptitudes, los profesionalizaremos técnicamente en los rubros que tengan más demanda en sus respectivas ciudades o pueblos.

d. Trabajos estatales (10 mil empleos)

Con la creación de Laboratorios, Centros, Unidades de investigación tecnológica, científica, etc.; con el programa estatal denominado **"Trabajadores de medio tiempo"**, con la construcción de centros científicos, tecnológicos, deportivos, etc., generaremos unos diez mil empleos.

e. Transporte (7 mil empleos)

Con el apoyo de la banca estatal mediante el programa: **"Movilidad propia que se paga con la renta"**, vamos a generar siete mil empleos para choferes que no tienen una movilidad propia.

4.3. Mejorando la vida de los pobres

a. Nuevos y excelentes Bonos Sociales y centros de recreación para los adultos que reciben la Renta Dignidad

Los bonos de la Renta Dignidad (para nuestros venerables mayores), el bono Juancito Pinto (para nuestros futuros constructores de la Gran Patria que son nuestros escolares y estudiantes) y el bono Juana Azurduy (para nuestras amadas madres que fortalecerán la salud de nuestras nuevas y patrióticas generaciones de bolivianos) **serán mejorados** económica y/o socialmente.

b. Incremento del Bono Juancito Pinto con la ayuda a los padres de familia con entrega gratuita de material escolar (secundaria, primaria y pre-básico) y uniformes (primaria)

Cada estudiante de primaria, aparte de su Bono anual, recibirá, bonos vacacionales completamente gratuitos para asistir a eventos deportivos, visitar parques y centros de recreación infantil, cursos de música, danza, literatura, etc.

Los estudiantes de secundaria recibirán bonos para la práctica gratuita de deportes, artes, música, etc. De su gusto. Los alumnos de la promoción, tendrán un incremento económico para festejar su graduación como bachilleres.

c. Capital de arranque para los pobres que quieran emprender su propio negocio o pequeña empresa.

Las madres que reciben el Bono Juana Azurduy, aparte de mantener el total de su beneficio económico, podrán acceder a créditos del Banco Estatal para contar con un capital de arranque y abrir su propio negocio, comercio, formar su micro empresa, etc.

Vea: *Capitales de ocho mil dólares para los más pobres para crear fuentes de trabajo grupales.*

4.4. Creación del Ministerio del Desempleado

Crearemos el *Ministerio del Desempleado* para que con carácter exclusivo brinde soluciones laborales a los desempleados. Cada desempleado podrá inscribirse (vía Internet o en las oficinas físicas) en el Banco de Desempleados para gozar de los siguientes beneficios:

- Cursos gratuitos de capacitación técnica en diferentes oficios (construcción, electricidad, mecánica, computación, etc.).
- Cursos gratuitos para grupos de cuatro o más desempleados para que formen su micro-empresa, negocio, comercio, oficina de servicios, etc. Vea: *Capitales de ocho mil dólares para los más pobres para crear fuentes de trabajo grupales.*
- Cursos de capacitación de reentrenamiento laboral subvencionado (reorientación hacia un nuevo oficio y/o profesión) para aumentar sus posibilidades para conseguir un empleo.
- Capacitación para presentarse a una entrevista laboral y para como redactar, preparar y presentar el Currículum Vitae (la hoja de vida).
- Para que los que demandan empleados o trabajadores los contacten directamente.
- Para que los contacten desde el exterior, personas y/o empresas que demanden trabajadores (profesionales y no profesionales); en caso positivo, nuestro gobierno les brindará ayuda para los trámites de migración.

- Los jóvenes que hayan salido profesionales, los que ingresen por primera vez al mercado laboral.

PROTEGIENDO LA CANASTA DE NUESTRAS AMAS DE CASA

4.5. Ley del peso exacto y precio justo

Conjuntamente con los gobiernos autónomos, mantendremos un control diario y estricto sobre el peso y los precios, especialmente de los productos básicos de la canasta familiar.

Se coordinará con los gobiernos autónomos para que sus autoridades ejerzan un control permanente en sus jurisdicciones territoriales.

La Ley aparte de servir para controlar el **peso exacto y precio justo,** tendrá por misión, mediante la Fiscalía General, presentar querella contra los infractores (comerciantes y/o autoridades que no den cumplimiento a la Ley).

Se crearán las *Tablas de Precios y Ganancias máximas* del productor al intermediario y de éste al consumidor.

Crearemos *mercados de la canasta familiar para el pueblo* con exclusividad para gente de escasos recursos, ejerciendo un estricto control para que gente inescrupulosa (comerciantes, acaparadores, gente de buena situación económica y similares) no se aproveche comprando en estos mercados.

Respecto a la carne de pollo, el Estado mediante acuerdos con los productores de pollos, producirá alimentos de base para los pollos, de tal manera que los precios sean estables durante todo el año y en todo el país.

En la cadena comercial, los productores, entregarán sus productos a los vendedores a un mismo precio, y los vendedores, incrementarán su ganancia de acuerdo a lo establecido en las Tablas de Precios y Ganancias máximas. Precio que deberá ser exhibido por los vendedores. El control lo ejercerá en acción conjunta el gobierno central y el municipal.

Productor y/o vendedor que no cumpla con la norma nacional y municipal, será sancionado de acuerdo a lo establecido en el Reglamento de la Ley del peso exacto y precio justo.

En los procesos de encadenamiento comercial, los que más se favorecen con las ganancias son los mayoristas, distribuidores y las carnicerías quienes, más de las veces ganan mucho más que los productores, afectando negativamente la economía del pueblo, en especial de los pobres.
Mediante Ley, implementaremos un sistema de control de la cadena comercial para abaratar los costos y favorecer al pueblo, de manera particular a las amas de casa, a los grupos vulnerables económicamente (los más pobres y los más necesitados).

4.6. Control de la producción, distribución y venta de alimentos de primera necesidad

A fin de cuidar la salud de la población, todas las unidades de producción alimentaria industrial, agrícola y ganadera, recibirán asesoramiento estatal gratuito para que produzcan alimentos libres de intervenciones y/o deformaciones genéticas, de bacterias, virus y otros microorganismos que puedan influir negativamente en la salud de la población. La fiscalización al respecto será severa y permanente.
La venta de productos alimenticios en mal estado (carne, verduras, arroz, papas, embutidos, etc.) que dañen la salud o provoquen la muerte de los consumidores se sancionará con cárcel a los infractores.
Las personas y/o los responsables de empresas productoras y/o distribuidoras de alimentos que pongan en riesgo la salud poblacional, importando y/o produciendo alimentos que pongan en riesgo la salud y/o la vida de los consumidores, serán sancionados con cárcel.
Todo alimento puesto a la venta debe estar libre de productos químicos, saborizantes y/o similares que puedan causar daños a la salud humana; por consiguiente,

aquellos alimentos que ingresen al mercado, que vengan del exterior, obligatoriamente deben contar con la autorización del *Departamento de Control de Alimentos* (*DeCA*) dependiente del Ministerio de Salud.

Los consumidores que tengan dudas sobre ciertos productos alimenticios, tendrán acceso la página virtual del *DeCA* para comprobar si el o los productos en duda están autorizados para su venta; de la misma manera los comerciantes, distribuidores, productores y otros involucrados en la producción, comercialización y venta de alimentos, deben exhibir en lugar visible y en letras grandes la lista de alimentos autorizados por el *DeCA* para su respectiva venta.

4.7. Recursos Alimentarios

Se modificarán las actuales estructuras agro-industriales, para convertir a Bolivia en un país productor y generador natural de divisas a través de la producción alimentaria, dando especial énfasis a la conservación de los recursos no renovables. No más depredación de nuestros recursos naturales.

De manera voluntaria se nucleará a los productores agrícolas que estén de acuerdo, en áreas de desarrollo agroindustrial, tomando en cuenta las ventajas climatológicas y riqueza de suelos, como los conocimientos, experiencia y capacidad de los productores agrícolas.

Importaremos y (cuando sea posible) fabricaremos la maquinaria de última generación para la producción de alimentos, y se las entregaremos a los productores del agro con créditos acordes a los beneficios de su producción.

Nos especializaremos en la producción agrícola de alimentos de mayor demanda mundial (cereales). Para ello contaremos, aparte del apoyo de científicos y profesionales de la producción alimentaria, con maquinaria y tecnología de última generación, cuyos fabricantes y empresarios están dispuestos a firmar convenios de inversión en Bolivia.

Se conformarán empresas agrícolas mixtas para la producción de trigo, maíz y soya, destinados, en una primera fase a satisfacer la demanda interna; y una segunda y permanente fase industrial para la exportación. Bolivia producirá sus alimentos y, una vez satisfecha la demanda interna, exportaremos los remanentes.

4.8. Protección total a los productos bolivianos
El Estado dará entera protección y prioridad para que los productores bolivianos aseguren la venta de sus productos, tanto interna como externamente.

Todo producto boliviano (agrícola, industrial, tecnológico, etc., en especial alimenticios) tendrá prioridad sobre los productos extranjeros.

Solamente cuando la **Unidad de Protección a la Producción Boliviana** ("UDPB") haya comprobado in situ que la producción boliviana no cubre las necesidades del mercado interno, recién autorizará la importación de productos del exterior.

Para efectivizar la autorización, la **UDPB** obligatoriamente debe coordinar con el o los productores bolivianos del rubro para que éstos den su conformidad por escrito, indicando que efectivamente no cubren la demanda interna; caso contrario la **UDPB** no podrá extender ninguna autorización.

La Aduana debe exigir el formulario de autorización de la **UDPB** para dar el visto bueno para el ingreso a territorio nacional del producto o productos importados.

Crearemos la **Red Comercial Cibernética** a nivel nacional e internacional para que los productores conozcan cuál es la demanda nacional e internacional, precios, calidad del producto, condiciones de entrega, y qué productos.

Los productores contarán con la **Unidad de Asesoramiento a los Productores Bolivianos ("UAPB")**, la cual les brindará asesoramiento profesional, técnico y gratuito para mejorar la calidad y cantidad de su producción en el lugar de producción; es decir el productor no irá a buscar a los asesores, sino el Estado irá donde los productores. La *UAPB*, a simple solicitud escrita de los productores, se pondrá a disposición de cada productor por el tiempo que sea necesario para el tema de asesoramiento.

PROTEGIENDO LA ECONOMÍA DE BOLIVIA
4.9. Re-direccionamiento del presupuesto General de la Nación

Vamos a recortar el presupuesto de ministerios improductivos (Ministerio de la Presidencia, Ministerio de Comunicaciones, etc.) y de instituciones estatales que sean clasificadas parasitarias, innecesarias y/o paralelas.

La Patria no necesita propaganda publicitaria a favor del gobierno o de los miembros del partido en función de gobierno; la Patria no necesita la suntuosa redundancia de viajes gubernamentales, de viajes de grupos sindicales, de movimientos sociales, de comisiones gubernamentales, que para el Estado y la Nación son innecesarios.

Los dineros recuperados, se invertirán en programas sociales a favor de la salud y educación.

4.10. Creación del Viceministerio de la deuda Estatal externa e interna

Crearemos el Viceministerio de la deuda Estatal externa e Interna, cuya función principal será realizar una auditoría y sanear la Economía Estatal en cuanto respecta a las deudas contraídas por el Estado, luego disminuir y finalmente controlar la deuda contratada externa e internamente. No más "préstamos" onerosos y/o condicionados que favorecen a los prestamistas y benefician a los grupos rosqueros, perjudicando enormemente a la economía del Estado y por extensión al pueblo.

Renegociaremos las deudas (interna y externa) con nuestros acreedores hasta llegar a acuerdos sostenibles y favorables para ambas partes.

Edificaremos el nuevo país, tratando de contraer a lo mínimo las deudas.

No construiremos palacios imperiales saturados de lujos desmedidos, cuando sabemos que podemos vivir a plenitud en habitaciones confortables.

4.11. Soberanía del dinero de Bolivia (banca nacional e internacional)

Concerniente a nuestra política monetaria, crearemos un vigoroso *Banco Central Soberano de Bolivia (BaSBol)*, el cual entre los muchos objetivos económicos, tendrá el de identificar la realidad de los activos existentes (saber con exactitud la cantidad física de dinero disponible y circulante en Bolivia, las reservas reales, los encajes bancarios, las operaciones de mercado abierto, etc.) en toda la banca de Bolivia (estatal y privada), para lo cual haremos un inventario global para conocer el total físico de los activos monetarios de toda la banca de Bolivia; de este modo nos vacunaremos contra cualquier intento de reacciones contra la Patria, contra el gobierno; es decir evitaremos quiebras fraudulentas, especulaciones monetarias, falta de liquidez y acciones económicas que conduzcan al país a la inflación y, por ende, le causen daño económico al pueblo.

El **BaSBol** será el responsable de recuperar el dinero (actualmente convertido en privilegio y fuente de riqueza de la banca privada nacional e internacional) para el Estado y por extensión para el pueblo,, de esta manera, el sistema monetario estará al servicio de la economía del Estado y del Pueblo, beneficiando, por un lado a todos los prestatarios, ahorristas, etc., y por el otro a Bolivia como país.

4.12. Acciones económicas inmediatas
a. Créditos Estatales

Revisaremos todas las carteras de deudas al Estado y recuperaremos dichos dineros para invertirlos en la creación de nuevas fuentes de trabajo, en especial para los jóvenes.

b. Empresas nacionalizadas

Se creará una comisión de alto nivel para investigar las nacionalizaciones y pagos a las empresas nacionalizadas.

c. Recuperación de dineros y bienes mal habidos

Crearemos la *Unidad de Investigación de dineros y bienes mal habidos.* Todo el dinero y/o bienes que se recuperen serán dirigidos al sistema de salud estatal.

d. Inversiones extranjeras

Todo empresario extranjero podrá hacer inversiones transnacionales solamente en alianza estratégica con el Estado.

4.13. Impuestos Nacionales

Aquellas personas que tengan impuestos pendientes con el Estado (atrasos, multas, etc.), previo acuerdo con el *Comité de Conciliación Tributación Estatal,* tendrán la opción de indexar el monto total de todos sus impuestos pendientes hacia el futuro en un plazo de 5, 10, o 15 años, dependiendo del monto y la cualidad de los mismos.

Así como el Estado va a proteger absolutamente a todos los bolivianos; todos los bolivianos deben proteger al Estado; y una manera es pagando sus impuestos, por lo tanto todos los sectores y todos los bolivianos que estén obligados a pagar por Ley, obligatoriamente pagarán sus impuestos.

Ninguna persona, empresa o sector podrá escudarse en falsedades, engaños y amenazas para evadir, disminuir o evitar pagar impuestos. Empresarios, comerciantes, gremiales, mineros, cocaleros, profesionales, trabajadores y todos aquellos que perciban ingresos por ventas de productos, servicios, etc. tienen que proteger al Estado y el Estado somos todos nosotros. Se acabó eso de que el Estado es el gobierno de turno. El Estado es Bolivia y somos todos los bolivianos.

4.14. Inventario de las riquezas tangibles e intangibles

Una vez concluido el inventario real de todas las riquezas naturales de Bolivia, como de los valores económicos nacionales e internacionales, inmuebles y otros del Estado, utilizaremos un determinado porcentaje para crear políticas estatales en Educación, Salud y Seguridad Social sostenible por 30 años.

4.15. Distribución equitativa de la riqueza de Bolivia

Todos los recursos naturales (minerales, metales, hidrocarburos, bosques, ríos, etc.) pertenecen a todos los bolivianos, por consiguiente su explotación y los beneficios de la misma tienen que beneficiar por igual a todos los departamentos.

No más departamentos pobres ni ricos. Todos los departamentos deben beneficiarse de las riquezas de Bolivia.

Para una correcta distribución de beneficios se repartirán de acuerdo al número de habitantes y a las necesidades prioritarias que tenga cada departamento, especialmente en salud, educación y desarrollo agrícola e industrial.

4.16. Recursos Naturales

Los recursos naturales no renovables (gas, minerales, bosques) serán severamente custodiados para evitar su agotamiento, depredación y/o extinción total.

Para disminuir el impacto de su uso y/o ventas desmedidas de los recursos naturales no renovables, los industrializaremos.

La industrialización masiva y con equipos de última generación de los recursos naturales renovales será una de nuestras principales metas.

a. Materia Prima

La transformación de la materia prima no debe ser de acuerdo a imposiciones o intereses de particulares o por intereses de los mandamases del partido en función de gobierno, sino de acuerdo a proyecciones de políticas de Estado basadas en el inventario de nuestras materias primas, con proyección económica de la oferta/demanda en el mercado nacional e internacional.

b. Hidrocarburos
Perfeccionaremos la nacionalización para que nuestros hidrocarburos se vendan con valor agregado.
Vea el Anexo *"Nacionalización del gas"*

c. Minería
No más exportación de nuestros minerales como materia prima. Daremos lugar a la inmediata industrialización, incentivaremos a empresas nacionales e internacionales a montar industrias en sociedades mixtas (Estado y particulares) para darle valor agregado a nuestros minerales.

d. Bosques
No sólo cuidaremos la integridad natural del medioambiente, sino que aplicaremos políticas para mejorar nuestros bosques naturales.

e. Lagos y ríos
Crearemos unidades para el cuidado permanente de nuestros ríos y lagos, de tal manera que los mismos sirvan para mejorar el medio ambiente, la vida de los habitantes que viven en el lugar o en cercanías y para la actividad turística.

REVOLUCIÓN Y PRODUCCIÓN CIENTÍFICA Y TECNOLÓGICA
No más pérdida del tiempo estatal en inútiles discusiones políticas.
4.17. Producción Científica
Crearemos laboratorios para estudios de nuestra abundante fauna vegetal en los campos Genético, Biológico y Farmacéutico; además de ingresar en la neurociencia con uso de la inteligencia artificial.

Nos especializaremos de tal manera que, debido a la inmensa variedad y riqueza de flora y fauna con la que cuenta nuestro país, llegaremos a ser el centro mundial de producción farmacéutica, biológica y genética.

4.18. Producción de nanotecnología, inteligencia artificial, robótica, electrónica, etc.

Conformando sociedades mixtas (Estado/privados), y aprovechando la existencia de recursos estratégicos, fabricaremos productos requeridos por la modernidad y necesidades mundiales; es decir ingresaremos al mundo de la producción de nano y micro componentes para la industria electrónica, biológica, genética, etc.

La industria electrónica y de ordenadores (computadores, celulares, drones, micros, nanos, etc.) es la que mayor ventas y ganancias produce en todo el mundo, por lo tanto, Bolivia ingresará a esta industria. No descartamos la posibilidad de contactar a las grandes industrias de la producción masiva, como ser del automóvil.

También sustituiremos la industria estatal obsoleta, en déficit, innecesaria, por la industria moderna, computarizada y de alta tecnología. Dedicaremos nuestro tiempo estatal a la revolución electrónica en Bolivia la cual en el menor tiempo que sea posible la haremos una realidad.

Del mismo modo innovaremos sistemas para abaratar costos, por ejemplo, tendremos laboratorios tecnológicos para que talentos, genios y cerebros bolivianos, encuentren fórmulas para el ahorro de energías (conseguir fórmulas físicas que ayuden a un consumo mínimo eléctrico; mejorar el consumo de gas, gasolina y diésel, etc.). Contamos con la inteligencia y decisión de nuestros talentosos investigadores para que encuentren soluciones para reducir el costo/beneficio, de todo cuanto consumimos en Bolivia, especialmente en el campo de la energía.

QUINTO PILAR: LA NUEVA BOLIVIA ESTATAL
5. CONTROLES INSTITUCIONALES
5.1. Defensa Permanente del Estado boliviano

Para defender y precautelar los intereses del Estado, se conformará por Ley, un buffet permanente de profesionales expertos en temas internacionales y nacionales. Este equipo de abogados, economistas, técnicos, etc., será, juntamente con la MAE de la Procuraduría General del Estado, responsable de la defensa jurídica del Estado cuya principal atribución será la defensa de Bolivia ante estrados internacionales. Los componentes de aquél equipo de profesionales deben sr éticos, expertos y con amplios conocimientos sobre materia jurídica internacional.

No más grupitos de amigos ni consorcios de vivos que perjudiquen al Estado haciéndole pagar a Bolivia millonarias sumas de dinero que, evidentemente, entra también a los bolsillos de los falsos defensores de Bolivia.

Las autoridades nacionales cuyo sector esté involucrado en algún juicio que afecte los intereses del Estado, se pondrán a disposición del buffet, y no al revés, como ocurrió en el caso QUIBORAX (Vea el Anexo *"Caso QUIBORAX, el arte de robarle a Bolivia"*).

Toda acción de la autoridad boliviana que favorezca directa o indirectamente a quien o quienes demanden a Bolivia, será declarada como alta traición a la patria y el o los implicados serán juzgados en función de tal delito constitucional, penal y administrativo.
Nunca más casos "Quiborax"

INSTITUCIONAL
5.2. Obediencia y respeto a la Constitución Política del Estado y a las leyes bolivianas

Los responsables de la defensa de la sociedad y del Estado (Bolivia) (Defensor del Pueblo, Contralor General del Estado, Procurador General del Estado, miembros del

Tribunal Constitucional, Tribunal Supremo de Justicia, Órgano Electoral) nunca más estarán al servicio del gobierno de turno, sino estarán obligados a actuar conforme a los mandatos de nuestra Constitución Política del Estado y de acuerdo a las leyes de su sector.

5.3. Cargos Públicos Constitucionales (postulantes a altos cargos públicos por mandato Constitucional)

Todo postulante a los altos cargos constitucionales (Magistrados del Tribunal Constitucional, Tribunal Supremo de Justicia, Fiscal General del Estado, Contralor General del Estado, Defensor del Pueblo y miembros del Órgano Electoral Plurinacional) aparte de los requisitos exigidos por nuestra Norma Suprema, con la única finalidad de que se seleccionen y elijan por méritos, ética y profesionalismo en sus respectivas áreas, obligatoriamente deben someterse a la evaluación personal a través del *Sistema Computarizado Secreto (SiCoSe)*.

Los exámenes de evaluación y calificación de méritos, capacidad, conocimientos y otros aspectos profesionales para la preselección de los postulantes a cargos arriba mencionados se realizarán mediante el *SiCoSe*.

Procedimiento del *SiCoSe*.

Cada postulante, después de elegir un número entre 99, (ejemplo sacó el 44) ocupará la mesa 44; aquí, la computadora le presentará un menú de diez bloques. El bloque que elija contendrá las preguntas que debe responder.

La revisión del examen y de la calificación será automatizada, por consiguiente no podrá alterarse, enmendarse, corregirse ni anularse las respuestas.

Unos minutos después, se conocerán los resultados, los cuales, simultáneamente serán enviados a la Asamblea Plurinacional y se harán públicos en los medios periodísticos y en la WEB estatal.

De esta manera se anularán los favoritismos, 'arreglos´, "venta" de exámenes y otros actos ilegales que puedan perjudicar a los verdaderos profesionales y favorecer a trúhanes que, debido a su incapacidad pueden causarle mucho daño al Estado.

5.4. Creación de la Unidad de Control Judicial

Implementaremos la *Unidad de Control Judicial* (*UNICONJ*) para ejercer un estricto control en todo el sistema de Justicia (desde los jueces y fiscales, asistentes y otros, hasta el personal administrativo) con el objetivo de detectar actos de corrupción mediante chantajes, negligencia, mala atención a los que acuden en busca de justicia.

Los infractores, en especial si son jueces y/o fiscales, una vez que se determine su responsabilidad administrativa, ejecutiva, civil y/o penal serán sancionados tanto administrativa, como penalmente de acuerdo al grado de culpabilidad, sin perjuicio de presentar, si se diera el caso, querella no sólo ante las autoridades llamadas por Ley, sino ante la respectiva Comisión de la Asamblea Plurinacional de Bolivia; para tal efecto, convocaremos, en compulsa abierta y meritoria, a profesionales de reconocida trayectoria moral e integridad personal, y crearemos un equipo de *Fedatarios Jurídicos* (*FeJur*).

Los *FeJur* que en cualquier momento, tal cual fueran simples demandantes, demandados y/o abogados, se presentarán ante jueces y/o fiscales (o ante sus asistentes y/o personal administrativo) para **verificar el comportamiento** de las autoridades y administrativos judiciales y así determinar si actúan ética o corruptamente.

Cuando alguna autoridad, subordinado o administrativo judicial insinúe llegar a los consabidos *"arreglos"* (solicitud y/o entregas de coimas, sobornos, extorsiones, etc.) y/o demuestre visible negligencia jurídica y/o administrativa, o sea descubierto infraganti en actos antijurídicos, ilegales, etc., los *FeJur*, adjuntando la correspondiente filmación y/o grabación, elevarán sus informes al responsable de la *UNICONJ* quien, una vez procesada la misma aparte de subirla al banco de datos de la *UNICONJ* (que estará encriptada, es decir no podrá ser borrada, anulada ni modificada) elevará el o los informes a las respectivas autoridades (Comisión de la Asamblea Plurinacional, Ministerio de Justicia, , Consejo de la Judicatura, Comisión de Fiscales Especiales –designados por la *UNINPE*, y Colegio de Abogados), para que así, aparte de poner a la autoridad y/o administrativo judicial en la lista de *Autoridades y administrativos judiciales infractores*, sancionarlo de acuerdo a su responsabilidad civil y/o penal.

A todos los jueces y fiscales como al personal de apoyo y administrativos, se les hará conocer la existencia de los *fedatarios jurídicos* y en cada oficina habrá un letrero de advertencia: "*Este usuario* –demandante o demandado, abogado defensor o acusador– *puede ser un FeJur, atiéndalo honesta, legal y éticamente. Evite su destitución y un juicio penal para así evitar terminar en la cárcel*".

NUNCA MÁS EL SOMETIMIENTO DE LOS PODERES ESTATALES

5.5. Protección y defensa de la independencia de poderes

Nuestro gobierno de forma terminante e intermitente restringirá sus competencias y su poder a lo que manda nuestra Constitución; por lo tanto, seremos respetuosos de los mandatos constitucionales. Todas las instituciones estatales deben interactuar entre ellas, pero siempre respetando los mandatos y competencias constitucionales, especialmente en cuanto se refiere a la separación e independencia de poderes.

Habrá un estricto control para detectar interferencias, "solicitudes", insinuaciones, órdenes, amenazas y/o similares que violen los preceptos constitucionales sobre la separación e independencia de poderes de cada uno y de todos los órganos e instituciones estatales.

En lo que respecta a los órganos Legislativo, Judicial y Electoral, no sólo por los mandatos constitucionales, sino por moral y honestidad política se les devolverá la total y completa independencia que les otorga la Constitución; del mismo modo se procederá con las FF.AA. y la Policía Nacional.

El nuevo contrato social entre los cuatro poderes del Estado y el Estado, contendrá absoluta libertad de acción y decisión; la fiscalización de cada ente estatal, será autónoma con un nuevo componente: fiscalización por parte de la sociedad civil, profesional, intelectual y, en especial, de la prensa. Para tal efecto se creará la *"Unidad de Control de Independencia de Poderes Estatales"* (*UNCIPE*); de esta manera, el Órgano Ejecutivo se verá obligado a respetar en la práctica cotidiana la separación e independencia de poderes patentados en nuestra Norma Suprema; es decir, los órganos estatales (Legislativo, Judicial y Electoral, lo mismo que las Fuerzas Armadas y la Policía Boliviana) no sólo por los mandatos constitucionales, sino por moral y honestidad institucional, solamente deben someterse al poder de la CPE, de las leyes y del soberano (el pueblo de Bolivia).

5.6. Ley Dura contra la corrupción (Vea el Anexo "Erradicación de la corrupción estatal")

Aplicación de la *Ley Dura* contra la corrupción. A todo empleado o autoridad estatal implicado, directa o indirectamente en actos de corrupción, se le sancionará con la suspensión inmediata de sus funciones, y se le remitirá a las autoridades judiciales para su inmediato procesamiento penal.

Al implicado en actos de corrupción el Estado de oficio, mediante la *Unidad de Vigilancia Estatal*, pedirá el congelamiento de todas sus cuentas bancarias y no bancarias, como la anotación de sus bienes inmuebles y otros que posea a su nombre o a nombre de terceros o con nombres de personas jurídicas, esto para precautelar la devolución o el pago por daño que haya provocado al Estado.

5.7. "Fedatarios Estatales Incognitos"

Crearemos un equipo de *Fedatarios Estatales Incognitos* (**FedEIn's**) que en cualquier momento tal cual fueran simples usuarios, se presentarán en las oficinas públicas, incluidas las de jueces y fiscales, de Derechos Reales, de la Policía, etc.

A todo empleado y funcionario estatal (una secretaria, un jefe, un policía, un administrativo militar, etc.) se le hará conocer la existencia de los **FedEIn's** y en cada oficina habrá un letrero de advertencia: "*Este infractor (usuario) puede ser un FedEIn", "Esta señora que le falta un documento para su trámite, puede ser un FedEIn".*

La función principal de los *FedEIn's*, será la de detectar principalmente actos de corrupción, sin dejar de lado la mala atención, la discriminación, incluso la mediocridad profesional del empleado y/o autoridad estatal.

DIRIGENTES SINDICALES Y DE MOVIMIENTOS SOCIALES

5.8. Protección absoluta de los trabajadores

Devolveremos (por obligación de las normas legales) el verdadero rol de origen y de formación y proyección a las instituciones que defienden los intereses de los trabajadores (COB, CSUTCB, etc.) de tal manera que sus dirigentes sólo se dediquen a luchar para conseguir beneficios para sus bases y no para el gobierno de turno, para los partidos de su simpatía o que los financian, o para ellos mismos.

Ningún dirigente en funciones podrá asumir ningún cargo estatal durante su periodo ni después, excepto el mismo puesto de trabajo que estaba desempeñando antes de ser elegido dirigente. Solamente podrá asumir un cargo estatal una vez que hayan pasado como mínimo tres años contables desde su cesación o renuncia al cargo de dirigente.

5.9. Nunca más la existencia de sindicatos paralelos

Los sindicatos, por Ley de la República, tendrán total independencia; es decir no se permitirá que sus dirigentes apoyen, defiendan o se sometan a los intereses del oficialismo o de los partidos de oposición.

Nuestro gobierno no permitirá la creación de sindicatos paralelos. Los sindicatos deben defender los derechos de sus dirigidos y jamás los intereses del gobierno, de la oposición, o los intereses personales, políticos o de cualquier otra índole de sus dirigentes.

Al gobierno le estará terminantemente prohibido crear, fomentar y/o proteger a sindicatos paralelos.

Cuando existan sindicatos paralelos hasta antes de la promulgación de la *"Ley de Protección Sindical"*, el *Unidad de Conciliación Sindical*, a través del Órgano Electoral, convocará a las bases del o de los sindicatos en conflicto a las urnas. Los dirigentes elegidos legal y democráticamente recibirán credenciales conforme lo estipulado en la *"Ley de Protección Sindical"*,

CONSTITUCIONALIDAD Y POTENCIAMIENTO DE LAS FF.AA.

5.10. *Fuerzas* Armadas de élite

Mediante Ley y Referendo, se crearán las Fuerzas Armadas de Élite, para que el rol de nuestras FF.AA. no sólo se modernice, sino que se convierta en un gran pilar de desarrollo estatal, científico y tecnológico de última generación (investigación y producción de, equipos tecnológicos y electrónicos militares, civiles, etc.). Al presupuesto destinado a los conscriptos se le incrementará el presupuesto requerido para todas las innovaciones que se van a realizar en las FF. AA.

El Servicio Militar Obligatorio se transformará en Servicio Militar Voluntario, de esta manera, los conscriptos recibirán formación científica-militar y tecnológica-militar y civil, para que se conviertan en soldados de élite. Y un militar de élite es aquél que en tiempos de paz (recordemos que nuestra CPE en su artículo décimo señala que *Bolivia es un Estado pacifista, que promueve la cultura de la paz y el derecho a la paz*) demuestra su alta capacidad militar como profesional productivo en los ámbitos militares, estatales y civiles.

En las Fuerzas Armadas se formarán a los bolivianos mejor preparados del país; la excelencia profesional de las nuevas generaciones de bolivianos con elevado y digno sentido de Patria, deben surgir del interior de las Fuerzas Armadas de Élite (FF.AA.E.)

Las Fuerzas Armadas, conforme a los mandatos constitucionales, gozarán a plenitud de la independencia de los otros poderes del Estado.

El capitán general de las FF.AA., restringirá su mandato militar, sólo a lo que manda la Constitución Política del Estado.

Cuando las FF.AA., por órdenes de su capitán general (el presidente de Bolivia), salgan a las calles, solamente lo harán ante desastres naturales, ante necesidades imprevisibles, ante acciones sociales de carácter nacional; pero jamás para reprimir al pueblo.

Las Fuerzas Amadas nunca más deben manchar su honor, dignidad y patriotismo sometiéndose al gobierno de turno.

5.11. Nombramientos de comandantes

El nombramiento de los comandantes de las FF.AA se lo hará tomando parámetros como ser capacidad, creatividad militar y estatal, elucubración de proyectos, programas e innovaciones militares, añadiendo el plus de méritos militares, morales y éticos, pero sobretodo los trabajos realizados a favor de su institución, de la patria y de los bolivianos. Desterraremos para siempre los favoritismos y actos de sumisión y servilismo gubernamental, e impondremos los valores y los conocimientos militares y estatales, pero sobretodo la dedicación y vocación patriótica de todos y cada uno de los postulantes a los máximos cargos de las tres fuerzas: Ejército, Aérea y Naval.

Aparte de la comisión examinadora militar y estatal, existirá una comisión conformada por militares en retiro y notables de las sociedades intelectuales, científicas y tecnológicas. Se eliminarán de raíz los llunqueríos, el alineamiento político, etc. Nuestro gobierno, por respeto y deber les devolverá el honor militar a todos los miembros de las Fuerzas Armadas, por eso y porque queremos unas Fuerzas Armadas del tercer milenio las convertiremos en Fuerzas Armadas de élite.

La fidelidad que exigiremos a los comandantes de las tres fuerzas será la de plena obediencia y respeto a los mandatos constitucionales como a las leyes.

Las FF.AA. de élite, tendrán absoluta independencia, sólo responderán de sus actos a la Constitución Política del Estado y a las autoridades a las cuales están vinculadas por Ley. La misma modalidad se aplicará para el nombramiento de los comandantes de la Policía Boliviana.

5.12. Comisión Permanente Estatal para Control Interno de las FF.AA.

Esta Comisión en coordinación con el Ministerio de Defensa y el Comandante de cada unidad militar, tendrá por objeto realizar fiscalizaciones y controles estatales contra abusos y/o excesos militares y/o administrativos internos contra los mismos militares sin importar el grado de los mismos.

5.13. Control estricto en los exámenes de ingreso al Colegio Militar

Las inscripciones para dar exámenes de admisión al Colegio Militar como a las otras instituciones de carrera militar, serán completamente gratuitas. Una vez que el postulante haya aprobado, recién pagará los costos de inscripción y/o matriculación.

El sistema de exámenes de admisión presentado por las FF.AA., en sus tres fuerzas debe ser aprobado por el Ministerio de Educación y por la *Comisión Permanente Estatal para Control interno de las FF.AA.*

Todo postulante que intente pagar o pague para asegurarse el ingreso a cualquiera de las instancias militares y/o personas, no sólo será descalificado para cualquier otro examen en todo el sistema militar, sino será remitido al Ministerio Público para ser procesado penalmente; de la misma manera se procederá con miembros de las FF.AA., docentes y administrativos, que mediante coimas, favores, recomendaciones, etc. ayuden a los postulantes facilitándoles y/o asegurándoles la aprobación del examen de ingreso.

COMPORTAMIENTO INTERNACIONAL
5.14. Política Marítima
Implementaremos una amable, moderna y práctica política diplomática para el tema de la reivindicación marítima, para lo cual contamos con un inmenso arsenal histórico y jurídico multilateral debidamente documentado.

Nuestra política de acercamiento diplomático, no sólo logrará la satisfacción de las partes involucradas, sino que a los países participantes nos ayudará a restañar un pasado histórico que, estando ya en pleno tercer milenio, debe tener una solución definitiva y final.

Si bien en septiembre de 2018 la Corte Internacional de Justicia de La Haya ha fallado en contra de la demanda marítima de Bolivia, debido a la política errónea del gobierno del MAS (que se dedicó a insultar y a desafiar a las partes involucradas, en especial al gobierno de Chile, incluso a cuestionar a los mismos miembros de la CIJ), nosotros tenemos la llave de otra puerta que, con el asentimiento de los países involucrados en el tema marítimo boliviano, nos podría llevar hasta el océano Pacífico.
Vea el Apartado *"La nueva estrategia marítima"*

5.15. Nueva filosofía y política diplomática
Reduciremos a lo mínimo nuestras representaciones diplomáticas. Tendremos embajadores itinerantes por

continentes; y los cónsules representarán a Bolivia ad honoren.

El dinero ahorrado de esta reducción será destinado al presupuesto de Salud.

5.16. Alianzas internacionales con países desarrollados en lo científico y tecnológico

Se firmará convenios de Alianzas internacionales con los gobiernos cuyos cuerpos policiales se encuentren en la cumbre de la élite policial de todo el mundo, para que la Policía Boliviana adquiera los conocimientos en el uso adecuado de los instrumentos modernos científicos y tecnológicos, e implementarlos en Bolivia y así cumplir satisfactoriamente los mandatos constitucionales para proteger a todos los bolivianos.

SEXTO PILAR: LA NUEVA BOLIVIA GUBERNAMENTAL

6. BOLIVIA MODERNA Y AMABLE

6.1. Política gubernamental de brazos abiertos (Gobernando Juntos)

Toda persona que cuente con ideas, programas, proyectos, iniciativas, innovaciones y que sean viables y sirvan para mejorar la vida de todos los bolivianos (por ejemplo hacer de la salud y educación, instrumentos que mejoren la calidad de vida de cada boliviano y hacer de Bolivia una patria realmente moderna y protectora de la sociedad), gobernará junto a nosotros, sin importar su posición partidaria, su ideología, su sector, su condición social o racial.

Nuestra *Política de Brazos Abiertos* permitirá que, todos aquellos profesionales estatales (servidores y autoridades) que demuestren ser empleados "Triple E" (eficientes, eficaces y éticos), continuarán en sus funciones.

6.2. Bolivia Tierra de Paz y Armonía

Una de nuestras prioridades nacionales será garantizar a todos los bolivianos (habitantes y estantes), no más peleas ni divisiones entre los bolivianos, especialmente entre las clases políticas y sindicales.

Nos esforzaremos al máximo para que Bolivia sea un país de paz y armonía, para así recuperar el tiempo que los últimos 15 años hemos perdido peleándonos entre hermanos bolivianos.

Haremos de Bolivia un verdadero remanso donde la tranquilidad sea una de nuestras atracciones para beneficio de nuestras familias.

USUARIOS ESTATALES

6.3. Defensa del usuario de los servicios estatales

En cada institución estatal de atención al público, habrá una oficina de *"Servicios de control de calidad de atención al público"* cuyos funcionarios se encargarán de dar solución a los reclamos, quejas y/o denuncias de los ciudadanos que sufran por parte de un empleado o autoridad estatal, mala atención, negligencia, o que hayan sido víctimas de intentos de corrupción, etc.

Todo reclamo justificado sobre cuestiones estatales que sea presentado por el usuario, (sea personalmente, vía teléfono, Internet, carta) **tendrá atención inmediata** a través de la *Unidad de Servicios Inmediatos al Usuario.*

6.4. Facilitadores Estatales

En cada institución estatal de atención directa al público, habrá una oficina a la que podrá recurrir el usuario para solicitar que se le ayude a agilizar su trámite.

El usuario podrá pedirle al *facilitador estatal* que le oriente en la presentación de los requisitos exigidos por la entidad estatal; además el *facilitador estatal* tendrá potestad para hacer seguimiento al trámite del usuario.

Los usuarios podrán hacer sus trámites en forma directa, sea desde su domicilio, oficina, etc., a través del "*Sistema computarizado para trámites estatales*". Para ello sólo debe registrarse en dicho sistema con su Carnet de Identidad, o con la personalidad jurídica en el caso de las empresas, comercio, etc.

Este sistema favorece al usuario y también al Estado, ya que el usuario se evita el desplazamiento hasta las oficinas estatales; y los empleados estatales, podrán ampliar el número de atenciones a los usuarios.

Nunca más el "*vuélvase mañana*" o el "*le falta tal documento*".

Los *atrasos* y perjuicios de trámites serán cosa del pasado.

6.5. Academia de la conciliación

Vamos a construir una administración estatal que responda, no a las ideas, deseos e intereses del partido en función de gobierno, sino a las exigencias de los gobernados; es decir vamos a contar con una administración de servidores públicos, que respondan con inmediatez no a los órdenes y deseos de sus superiores, sino de los requerimientos y necesidades de los usuarios, por consiguiente crearemos la **Academia de la conciliación** entre los gestores de demandas y autoridades del gobierno. Los académicos serán elegidos por el mismo pueblo, previo reconocimiento de méritos no sólo profesionales, sino éticos y morales.

EMPLEADOS PÚBLICOS
6.6. Empleados y autoridades estatales del Tercer Milenio

Vamos a construir una administración estatal que responda, no a las ideas, deseos e intereses del partido en función de gobierno, sino a las necesidades del Estado y buscando el beneficio del pueblo.

Los servidores públicos trabajarán ya no con la clásica mentalidad de empleado público (bajo rendimiento, mala atención al público, demasiadas ausencias del puesto de trabajo, etc.). Los empleados esa vieja costumbre de adulado servilismo a las órdenes y deseos de sus superiores. Los empleados públicos trabajarán demostrando en los resultados finales un alto y diario rendimiento en sus tareas asignadas.

Implementaremos programas para anular el comportamiento de ciertos empleados que tienen conductas de **pequeños reyes**; en su lugar impondremos la mentalidad de que las autoridades y empleados estatales son eso: empleados públicos al servicio de la sociedad que requiere de sus servicios.

Se erradicará definitivamente el abuso de autoridad, el mal trato, la mala atención y la indiferencia perjudicial que expresan ciertos empleados y autoridades estatales hacia los usuarios.

Impondremos conceptos de desarrollo estatal tal como la:

Eficiencia; es decir todo empleado público (también las autoridades, sin importar su jerarquía), deben ser eficientes, para así obtener más y mejores resultados en sus deberes y obligaciones cotidianas, como también las de corto, mediano y largo plazo. En otras palabras, para ser **eficiente debe realizar su trabajo con el menor costo posible y en el menor tiempo, sin desperdiciar** recursos económicos, materiales y humanos; pero a la vez debe hacerlo con **calidad.** Esto implica, a su vez, el uso selectivo de tres elementos que debe tomarlos en cuenta:

➢ **Resultado final positivo** de los **objetivos propuestos.**
➢ **Menor costo** posible en insumos y recursos que se requieran para alcanzar el resultado final.
➢ En el **menor tiempo** posible, ya que las demoras implican costos económicos y/o políticos que pueden perjudicar todo un proceso, con las consiguientes pérdidas para el Estado.

Un empleado público, o una autoridad, puede cumplir correctamente con su horario de trabajo, pero esto no significa que sea eficiente, ni eficaz, más aún cuando su labor no es productiva. Al respecto debemos diferenciar entre ser productivo, y cumplir las tareas asignadas. Un trabajador mediocre (el típico empleado público) se conforma con cumplir su horario y realizar las tareas cotidianas previamente asignadas; por su parte un empleado eficaz cumple sus tareas asignadas y **aparte de ello, produce** tareas que mejoran la calidad estatal de su cargo o puesto laboral, éste es el empleado eficiente y eficaz. Y así serán los empleados estatales en nuestro gobierno.

6.7. Cambio de conducta estatal y gubernamental

El concepto principal de la Bolivia Moderna y Amable es propagar la filosofía de la transformación para cambiar el comportamiento gubernamental y estatal de autoridades electas y designadas, como de empleados públicos.

Como gobernantes del tercer milenio implementaremos los principios gubernamentales de la Revolución del Comportamiento, para cambiar la conducta política y gubernamental de los servidores públicos y de las autoridades electas y designadas, para que todos trabajen en beneficio de Bolivia y en favor del bienestar de absolutamente todos los bolivianos.

Todos los empleados públicos y autoridades estatales, especialmente a las gubernamentales, gracias al cambio generacional que proponemos, tendrán el sello de **carácter nacional** para así poner en práctica diaria y constante la conducta y la praxis de la "**Triple E**": **ética, eficiencia** y **equidad**; como de la "**Triple H**": **honestidad, honradez** y **honorabilidad**.

6.8. Profesionalización estatal (capacitación para un nuevo comportamiento de los funcionarios públicos)

Vamos a profesionalizar a todos los empleados Estatales para que los mismos tengan un estatus de jerarquización constitucional, legal y estrictamente meritoria en lo profesional, académico y científico. La profesionalización implica a jefes y a personal de base.

La profesionalización tendrá sus principales fundamentos en la eficiencia, capacidad y ética estatal y personal, manifestada diariamente en el área de actuación. Actuación que debe mostrar transparencia y honestidad integradas en beneficio de los usuarios y del Estado; y no en beneficio de los gobernantes o de los mismos empleados estatales.

Todos los funcionarios estatales (de todos los niveles) obligatoriamente deberán aprobar los exámenes de capacitación denominados "*Comportamiento Estatal del Tercer Milenio*".

La filosofía del *Comportamiento Estatal del Tercer Milenio* se basa en el visible trato de excelencia a los usuarios, en la eficiencia y eficacia de la labor cotidiana del servidor público, en la transparencia y honestidad manifestada en su conducta laboral, etc.).

La capacitación será universal para todos los empleados estatales, incluidas la Policía y las Fuerzas Armadas.

Las **instituciones son sagradas, pero no** sus miembros.

6.9. Evaluaciones de rendimiento de las instituciones estatales

Los empleados estatales, en la actualidad, lo que deberían producir en diez minutos, lo producen en una hora y más de la veces, mal; por lo tanto, impondremos en todas las instituciones estatales la filosofía del aceleramiento del tiempo de producción para revertir la baja producción laboral.

Semestralmente los funcionarios y autoridades de todas las instituciones estatales y de todos los órganos del Estado, FF.AA. y Policía Boliviana, serán evaluados por el *"Consejo Estatal de Bolivia"* ("CONEB").

La finalidad será para emitir un informe de recomendaciones que será remitido a la MAE de cada una de las instituciones y órganos del Estado para que sepan dónde están fallando, qué deficiencias tienen, etc. Este informe de recomendaciones estará disponible en la WEB del **CONEB**.

En casos extremos, donde una institución o uno de los órganos estatales tenga mayores yerros que aciertos, las recomendaciones del **CONEB** tendrán carácter vinculante y de cumplimiento obligatorio.

El **CONEB** estará conformado por hombres y mujeres notables y altamente meritorios en sus respectivas profesiones y áreas de trabajo. La selección y elección se hará de manera pública mediante convocatoria donde se calificará por méritos, valores éticos y capacidades profesionales.

CONTROLES ESTATALES

6.10. Control directo e inmediato de fortunas de empleados estatales

Conforme a Ley, el *Comité de Verificación de Fortunas*, por oficio y/o petición de una autoridad, podrá averiguar la situación económica y la procedencia de todos los bienes del empleado estatal investigado; verificación que puede extenderse a los inmediatos superiores.

La institución llamada por Ley, podrá averiguar el antes, durante y después de su estadía en el gobierno de cada autoridad estatal que cese en sus funciones. Se va a verificar su situación económica y la procedencia de todos sus bienes. La misma aplicación se hará a los dirigentes sindicales y cívicos y otros.

6.11. Control y lucha contra el abuso de autoridad

Se creará la *Ley contra el abuso de autoridad*. Todo abuso por parte de autoridades y/o funcionarios estatales, sin interesar la jerarquía ni la institución a la que pertenezcan, será investigado por la "*Comisión del respeto al ciudadano*". Está comisión estará conformada por destacados hombres y mujeres de reconocida ética, honestidad y profesionalismo.

Los nueve miembros serán elegidos (tres) por sus antecedentes intachables de notables; (uno) del ámbito de Derechos Humanos, (uno) del "Defensor del Ciudadano", (uno) del "Defensor del Pueblo", (uno) de la Prensa, y (dos) del sector de la abogacía.

Implementaremos programas para que las autoridades y empleados estatales sean serviciales y sociables definitivamente ese comportamiento de actuar como pequeños reyes; es decir, se erradicará definitivamente el abuso de autoridad, el mal trato, la mala atención y la indiferencia que manifiestan ciertos empleados y autoridades estatales hacia los usuarios (o entre los mismos compañeros de trabajo).

6.12. Prohibiciones de concentraciones, marchas de apoyo y otros de empleados estatales

Ningún trabajador estatal, ningún ciudadano, sin importar el sector al cual pertenece, nunca más será obligado a asistir a marchas, concentraciones de apoyo al gobierno, al partido, etc., excepto los desfiles y/ concentraciones cívicas por el día de Bolivia (nuestra Patria-Madre), y los días del departamento y/o del municipio.

ESTÍMULOS LABORALES (UNA NUEVA Y MODERNA CONQUISTA SOCIAL)

6.13. Trabajadores estatales con nuevos privilegios:

El sistema de *Red de Laboreo Estatal* ayudará al empleado estatal en lo profesional, familiar, económico, social, cultural, deportivo.

a. Trabajando desde su casa

El empleado estatal que tenga dificultades para asistir a su fuente de trabajo (por estar al cuidado de sus hijos menores, por impedimentos para desplazarse, por alguna enfermedad, etc.), siempre y cuando las circunstancias y el tipo de trabajo que realiza lo permitan, o el sistema de trabajo que realiza no requieran entregas físicas, podrá realizar su labor cotidiana desde su casa; es decir el Estado aceptará solicitudes de los empleados públicos que quieran trabajar desde sus hogares; para ello utilizará la *Red de Laboreo Estatal* mediante los instrumentos electrónicos de la modernidad (Internet, celular, etc.). Sólo podrán optar en esta modalidad aquellos empleados cuya presencia física pueda prescindirse en su puesto de trabajo.

b. Trabajadores estatales de medio tiempo

Se creara la opción de *trabajo de medio tiempo* para aquellos empleados que, por estudios, necesidades personales, familiares, etc., se vean obligados sólo a trabajar **medio tiempo**.

Este nuevo sistema de trabajo hará que muchos trabajadores estatales no tengan que estar desesperados para llegar a sus fuentes de trabajo. Esta modalidad no sólo beneficiará al trabajador de medio tiempo, sino a una parte de la sociedad, ya que las horas picos tendrá un poco más de fluidez.

c. Reducción del trabajo/hora/día/semana

Haremos un ajuste de horas trabajo/año, para disminuir las mismas, de tal modo que la semana laboral sea más corta. Este sistema estará en función al tipo de trabajo que realice el empleado estatal y a su rendimiento trabajo/hora/día/semana.

Con estos sistemas eliminaremos las taras laborales de los empleados públicos. Entre las más frecuentes tenemos: **ausentismo** momentáneo de sus escritorios o ventanillas, de sus oficinas o despachos (para ir al baño y/o 'charlar' lejos de las miradas de los usuarios o de los mismos colegas de trabajo); **desgano** y poca eficacia y casi ninguna eficiencia en las labores encomendadas; **bajo** rendimiento por tabaquismo, alcoholismo o alguna enfermedad circunstancial, más de las veces inventada; **tiempo mal empleado** en la ejecución de sus tareas inmediatas, como las de corto, mediano y largo plazo; ejecución **mal intencionada** de sus tareas diarias; **mala** predisposición hacia los usuarios.

d. Puesto ideal para el empleado ideal

Muchos empleados están en el puesto equivocado. Un empleado debe trabajar allá donde sea más competente, eficaz y eficiente.

Crearemos la *Unidad de Detección Profesional* para reubicar correctamente a los empleados públicos.
Los costos de producción de un empleado público en relación a su rendimiento laboral por estar en el lugar equivocado, causan perjuicios económicos al Estado.

Estos nuevos sistemas de trabajo tendrán **ventajas para el empleado estatal del hogar.** En lo **profesional** dispondrá de tiempo para seguir adquiriendo nuevos y más conocimientos en el campo de su competencia para así lograr ascensos de cargo y/o categoría, lo que le significará mejores salarios.
En lo **familiar**, podrá cuidar o interactuar con mayor frecuencia con su familia, en especial con sus hijos.
En lo **económico**, ahorrará en transporte y tiempo utilizado en su desplazamiento, desde su hogar hasta su trabajo y viceversa.
En lo **social** podrá disponer de más tiempo para sí, para su familia, para sus amigos y vecinos.
En lo **cultural** y **deportivo** podrá realizar una vida activa sea en la danza, el arte, la literatura, etc. y en la práctica de sus deportes favoritos, ya que contara con el plus del tiempo ahorrado evitando el desplazamiento de ida y retorno a su trabajo.

6.14. Ascenso de cargo (selección y elección)
Los ascensos de cargo estarán en función a:
- La eficiencia, eficacia y ética como profesionalismo (o experiencia) de la labor personal y colectiva del postulante.
- Demostrar fehacientemente que sus labores diarias y conocimiento del área de su trabajo cotidiano, como la atención a los usuarios estatales, son eficientes y eficaces, y que su compromiso es con la Patria y no con el gobierno, con sus jefes y/o amigos, familiares, conocidos
- Que sus méritos y créditos profesionales o empíricos, lo mismo que su experiencia, son demostrables.

El objetivo principal de un empleado estatal, no es adular o servir al gobierno, sino consolidar el poder del Estado y lograr el bienestar de los gobernados.

6.15. Iniciativas e innovaciones propuestas por los empleados estatales

Cambiaremos esa mentalidad de los responsables de instituciones estatales (órganos Legislativo, Judicial, Electoral, Fuerzas Armadas, Policía Boliviana, Universidades estatales, etc.) de someter a los empleados estatales (lo mismo que a las autoridades electas y designadas que no están en las altas esferas gubernamentales) a obedecer "la línea" impuesta por la jerarquía presidencial (la rosca que rodea y controla al presidente), perjudicando con dicha conducta al Estado y también al Pueblo.

6.16. Premios especiales a los mejores empleados estatales

Cada empleado estatal que por iniciativa, innovaciones, ideas, proyectos u otros logre beneficios para su institución, para el Estado o para el pueblo, recibirá premios económicos. Los empleados estatales más destacados se harán acreedores a:

- Becas para especializarse en el país o en el exterior de acuerdo a sus capacidades, talentos e iniciativas.
- Premios económicos y vacacionales (Ver **Centro de vacaciones para el personal estatal**). En cada departamento construiremos centros vacacionales para los empleados estatales.

Los empleados de un ente estatal que hayan logrado, mediante políticas de austeridad, "gastar correctamente los dineros estatales" y que probatoriamente se demuestre ahorros internos de su presupuesto, un porcentaje no menor a la cuarta parte, será destinado como premio para que sea distribuido, por partes iguales entre los empleados ahorradores.

6.17. **Premio a la excelencia gubernamental** de autoridades y empleados

Construiremos la "*Mansión de los Dignatarios de Estado Honorables*"

Aquí, aparte de la imagen en cera (en tamaño real) del dignatario de Estado Honorable, estará en un documental las laborales desempeñadas en favor de Bolivia y de los bolivianos; y en una placa visible se grabará la leyenda de gratitud de Bolivia y de los bolivianos por la excelencia de haber administrado la cosa pública con honorabilidad, dignidad y honradez. Además estarán sus fotos y de su familia.

En este mismo lugar, pero en la parte trasera, oscura y abismal, estará el *museo de las autoridades no gratas*; con placas donde estén grabados sus actos delictivos; es decir será el "sepulcro" de las malas autoridades que de una u otra forma le hicieron daño a Bolivia y a los bolivianos.

Con esta iniciativa forjaremos un nuevo Gandhi, un Mandela, un Mujica en Bolivia; y eliminaremos a futuros tiranos, dictadores y megalómanos cubano-estalinistas o de cualquier otro corte dictatorial y totalitarista.

DESARROLLO ESTATAL FOMENTADO POR EL GOBIERNO

6.18. Creación de Academias y Centros de Investigaciones Estatales

a. Centro de Investigación de Estrategias y Políticas Estatales

Crearemos el "*Centro de Investigación de Estrategias y Políticas Estatales*", el cual, al ser autónomo e independiente del gobierno, tendrá por misión realizar investigaciones de orden político, gubernamental, social, económico y geopolítico, para generar estrategias y políticas de Estado que sean necesarias para el fortalecimiento del Estado, y para favorecer al bienestar material y abstracto de todos los gobernados.

b. Laboratorios de investigación gubernamental

Crearemos simposios de seguimiento gubernamental con profesionales meritorios e independientes de los partidos políticos y del gobierno para que, en casos de que las autoridades gubernamentales, se salgan de la línea legal, constitucional, política, gubernamental, incluso moral, hagan públicamente las respectivas observaciones hasta que el gobierno se rectifique conforme a los mandatos legales y/o constitucionales.

Los componentes de estos simposios serán profesionales en ciencias políticas y sociales, totalmente independientes del gobierno y de los partidos políticos.

c. Academia de Investigación Científica y Tecnológica

Crearemos centros de investigación científica tanto con bolivianos como con científicos extranjeros invitados. Bolivia se convertirá en el epicentro científico de la región. Todos los científicos trabajarán en investigaciones multidisciplinarias como ser científica, tecnológica, cibernética, social, política, etc.

d. Laboratorios de ciencia, tecnología, electrónica, nanotecnología y computación

Crearemos laboratorios estatales de investigación tecnológica cibernética y físico-cuántica.

Profesionales, académicos, profesores y estudiantes de universidades, colegios e institutos, con total independencia del gobierno, podrán participar en las investigaciones.

e. Banco Estatal de Proyectos

Toda persona podrá inscribir su o sus proyectos en el *Banco Estatal de Proyectos.* (**BEsPro**) Si el o los proyectos fueran aprobados para su implementación, el proyectista, aparte de recibir la respectiva remuneración económica, podrá formar parte del equipo que lleve adelante el proyecto.

Toda persona, profesional o no, joven o adulto, puede inscribirse gratuitamente en el **BEsPro**".

Los profesionales de las diferentes áreas pueden inscribirse a través de sus respectivos entes colegiados o de manera personal.

f. Elaboración de proyectos estatales

Para la elaboración de proyectos estatales, se contratará a profesionales por compulsa abierta donde, una vez vencidos los exámenes de competencia, se verificará durante una segunda competencia la exactitud aproximada del primer examen, para así eludir ´arreglos´, "venta" de exámenes, favoritismos y otros actos ilegales que puedan perjudicar a los verdaderos profesionales y favorecer a trúhanes que, debido a su capacidad delictiva de carácter intelectual, también podría causarle mucho daño al Estado.

6.19. Apoyo a los artistas, músicos, pintores, escritores, poetas, ensayistas, etc.

Crearemos espacios laborales, de investigación, de contactos internacionales para los artistas, músicos, pintores, escritores, poetas, ensayistas y otros del universo musical, artístico y literario bolivianos.

Crearemos espacios culturales académicos para que nuestros niños, jóvenes y adultos, hombres y mujeres, descubran sus talentos natos.

Toda obra artística, musical, poética, literaria, etc. de nuestros creadores bolivianos, tendrá permanente apoyo estatal.

6.20. Ministerios Departamentales

Se creara los Ministerios departamentales para que cada ministro y su equipo estudien, analicen y propongan programas, proyectos y planes de desarrollo para todo el departamento, respetando las competencias y mandatos constitucionales.

Los ministerios departamentales se encargarán de coordinar acciones de toda índole entre el gobierno central y el gobierno departamental, incluyendo a los gobiernos municipales. Las acciones están dirigidas a mejorar el desarrollo del departamento, a hacer conocer las necesidades como también los proyectos, programas e iniciativas departamentales y municipales

6.21. Innovación en la elección interna del partido de senadores y diputados

Los partidos políticos tanto de ayer como de hoy, **no seleccionan** y **eligen** a los candidatos a diputados y senadores, tomando en cuenta sus conocimientos legislativos, sus méritos y especialidades profesionales, etc. Por lo general, proceden a la "elección" de candidatos mediante el dedo del jefe del partido, la compra de la candidatura con la garantía de estar dentro la "franja de seguridad". Ese es el procedimiento de la elección partidaria de senadores y diputados, y también se eligen a candidatos, tal es el caso del MAS, **sumisos, serviles** y **manipulables** que provienen de sindicatos, movimientos sociales y del seno de la rosca presidencial.

De ahí el origen de la conducta de los asambleístas nacionales, quienes casi nunca generan leyes, jamás controlan y fiscalizan a los órganos del Estado, a las instituciones y empresas públicas; desconocen el destino final de los recursos estatales, no realizan investigaciones estatales, etc.

Por lo expuesto, promulgaremos una Ley para que las entidades políticas reconocidas legalmente por el Órgano Electoral, incluyan obligatoriamente en sus listas de candidatos al cargo de diputados y senadores hombres y mujeres con capacidades legislativas, gubernamentales, científicas, técnicas, etc.

Para demostrar la convicción de lo que decimos, nuestro gobierno dará el ejemplo de revolución democrática, pues aparte nuestros militantes podrán presentarse como candidatos a senadores y diputados y/o y elegir a los mismos.

Nuestro partido, por primera vez en la historia del país y quizás del mundo, como parte de nuestras innovaciones políticas, nuestros candidatos a la Asamblea nacional se distribuirán en porcentajes de la siguiente manera:

1. Expertos y profesionales en el área administrativa legislativa, estatal y gubernamental (30%)
2. Hombres y mujeres de las tres generaciones (18 a 30 años, 31 a 50 años, 51 años en adelante) con iniciativas, ideas, ideologías a favor de Bolivia y de los bolivianos y la respectiva preparación legislativa (25%).
3. Hombres y mujeres indígenas, campesinos y trabajadores que tengan experiencia en el campo social y sindical (25%)
4. Políticos con experiencia legislativa y gubernamental (20%)

6.22. Medios de comunicación con absoluta libertad de expresión

Todo ciudadano (periodista, generador de opiniones, analista, intelectual, contestatario, ciudadano de a pie, etc.) podrá hacer uso de todos los medios periodísticos y otros que estén a su alcance y expresar sus opiniones con absoluta libertad de expresión; sólo debe hacerlo dentro los márgenes de las reglas de oro del periodismo y del respeto, la educación y la moral.

Para garantizar la Libre expresión de todos los bolivianos y en todas sus formas, vamos a crear la *Unidad de Garantías y Derechos de la Libre Expresión*

Todo ciudadano sea periodista, generador de opiniones, analista, intelectual, contestatario, o un ciudadano de a pie, podrá hacer uso de todos los medios que estén a su alcance y expresar sus opiniones en contra o a favor del gobierno, de las autoridades, de los líderes, etc.; sólo debe hacerlo dentro los márgenes del respeto, la educación y la moral.

6.23. Devolviendo a los periodistas los privilegios del cuarto poder

El *cuarto poder del Estado* les fue arrebatado a los periodistas y fue regalado a los de la (ex) Corte Electoral. Pues es más fácil someter a funcionarios del Órgano

Supremo Electoral que a periodistas independientes, contestatarios, éticos y valientes.

Durante nuestro gobierno los periodistas sin distinciones gozarán del privilegio de ejercer libremente su profesión, pues una prensa libre, una prensa independiente, ética y honesta es lo que necesitan gobernantes y gobernados, ya que la prensa refleja el día a día de lo bueno y lo malo, lo justo y lo injusto, lo censurable y lo elogiable no sólo al interior del pueblo, sino al interior del gobierno, de los partidos, de las empresas, de todo el país y del mundo en general. Y sólo una prensa libre, independiente, ética y honesta puede ayudar a construir una Bolivia amable y Moderna.

Radio comunicación instantánea

Fomentaremos, mediante Internet, la creación de radios libres de comunicación instantánea entre radio escuchas y el centro radial; lo mismo que televisión instantánea para la difusión de programas sociales, educativos y culturales entre ciudadanos como entre estado y ciudadanos.

EPÍLOGO
IMPONDREMOS UNA NUEVA CONDUCTA GUBERNAMENTAL

El primer paso gigantesco que darán nuestras autoridades (electas y designadas), lo mismo que los empleados estatales (que designemos y los que se queden del anterior gobierno) será cambiar la conducta estatal para forjar y consolidar la Bolivia Amable y Moderna que todos juntos vamos a construir.

Trabajar en instituciones públicas no significará nunca más trabajar para y por el partido en función de gobierno, sino será trabajar en beneficio de todos los bolivianos (sin excepciones ni distinciones) y para engrandecer en todos los aspectos a nuestra Patria-Madre, nuestra gran Bolivia.

No detendremos nuestros esfuerzos hasta lograr que en todas las entidades públicas, la práctica diaria de la buena conducta estatal sea una costumbre y no una excepción. Empleados y autoridades, se adaptarán al nuevo comportamiento estatal, de tal manera que les será fácil, natural y hasta agradable trabajar guiados por principios estatales de alto nivel ideológico y, a la vez, patriótico.

Nuestras autoridades (de todos los niveles jerárquicos) y los empleados de todas las entidades estatales, trabajarán y ejecutarán sus obligaciones dando lo mejor de sí mismos, es decir, trabajarán eficiente y eficazmente, ética y honestamente.

La Patria-Madre, la Bolivia Amable y Moderna que vamos a construir, sólo exigirá que todos los bolivianos seamos hijos que se amen, respeten, protejan y se ayuden mutua y solidariamente; hijos que, alrededor de la Patria-Madre, construyan y consoliden la gran familia que tenemos que formar todos los bolivianos.

Sólo se requiere compromiso y enorme voluntad para que gobernantes y gobernados cambiemos la conducta de los malos gobernantes de ayer y de los pésimos gobernantes de hoy, por la conducta y excelencia de los gobernantes de mañana. Gobernantes que tendremos como pilar principal la revolución y práctica del nuevo comportamiento gubernamental.

Para dar el primer paso de la construcción de la **Bolivia Amable y Moderna** tenemos que recuperar a nuestra Patria-Madre, y desterrar para siempre a los políticos y gobernantes de ayer, en especial a los de hoy.
¿Por qué? Porque las generaciones del tercer milenio, necesitan crecer, vivir y desarrollarse en un país con gobernantes honestos, éticos, eficientes, sobretodo patriotas; pues no pueden (las nuevas generaciones) y no podemos (los de las generaciones del siglo pasado) seguir aceptando la existencia de políticos y gobernantes con vicios, taras y defectos que podrían provocar situaciones de riesgo extremo.
escritorboliviano2050@gmail.com

Ha llegado la hora de implementar la *Revolución del Comportamiento* para iniciar la derrota del gobierno de Evo Morales en las elecciones del 20 de octubre de 2019, y de esta manera el 22 de enero de 2020 daremos inicio a la implementación de nuestro programa de gobierno para construir la nueva **Bolivia Amable y Moderna.**

Usted puede solicitar los siguientes libros de manera directa y gratuita al autor:
Libro 2.
Los siete anexos que desnudan al gobierno del MAS:
a. **Los** *pecados* **políticos del MAS (el lado oscuro y sórdido del MAS).**
b. **Las máscaras ocultas de Evo Morales**
c. **Evo Morales y su perversa megalomanía por el poder**
d. **Los efectos perniciosos del círculo coca-cocaína.**
e. **El "esplendor" de la corrupción estatal**
f. **El contrabando en Bolivia**

g. **Debilidades del gobierno del MAS**

Libro 3. Estrategias para derrotar al MAS en las elecciones de octubre 2019
Libro 4. La Revolución del Comportamiento
Libro 5. Proyecto Troyano (la verdadera historia montada por el gobierno del MAS sobre la muerte de los *terroristas* extranjeros en el hotel Las Américas 2009)
Libro 6.- Bolivia, una potencia el año 2050
Mayor información WhatsApp 65313761 (Bolivia)